# 한 권으로 읽는 촘스키

Noam Chomsky : Critical Lives

# 한 권으로 읽는 촘스키

지은이 | 볼프강 B. 스펄리치
옮긴이 | 강주헌
펴낸이 | 김성실
기획편집 | 최인수 · 여미숙 · 이정남
마케팅 | 곽홍규 · 김남숙 · 이유진
편집디자인 | (주)하람커뮤니케이션(02-322-5405)
제작 | 한영문화사

초판 1쇄 | 2012년 9월 5일 펴냄

펴낸곳 | 시대의창
출판등록 | 제10-1756호(1999. 5. 11.)
주소 | 121-816 서울시 마포구 동교동 연희로 19-1 4층
전화 | 편집부 (02) 335-6125, 영업부 (02) 335-6121
팩스 | (02) 325-5607
이메일 | sidaebooks@hanmail.net

ISBN 978-89-5940-240-3 (03300)

책값은 뒤표지에 있습니다.
잘못된 책은 바꾸어드립니다.

# 한 권으로 읽는 | 촘스키

Linguist >        Political Activist >>

볼프강 B. 스펄리치 지음 | 강주헌 옮김

시대의창

Noam Chomsky : Critical Lives

정확한 시기는 기억나지 않지만 2002년인가 가을에 이 책에서도 소개된 사우스엔드프레스 관계자를 프랑크푸르트 북페어에서 만난 적이 있다. 촘스키가 여든 살을 앞두고 있던 때였다. 그 관계자에게 촘스키 선생도 이제 연세가 많아 옛날만큼 활발하게 외부 활동을 하거나 책을 쓰지 못하지 않겠느냐고 물었다. 그때 그녀는 빙긋이 웃으면서, 촘스키가 매일 '조깅'을 하면서 건강을 단련하기 때문에 과거와 크게 다르지는 않을 거라고 대답했다. 그 대답은 사실이었다. 그 후로도 촘스키는 《패권인가 생존인가》《촘스키, 우리의 미래를 말하다》《촘스키, 실패한 국가, 미국을 말하다》《촘스키, 우리가 모르는 미국 그리고 세계》 등을 계속해서 쏟아냈다.

촘스키는 언어학자로서, 또 정치적 행동주의자로서 세계적인 인물이 됐다. 이 둘 사이에는 어떤 밀접한 관계가 있을까? 촘스키는 여러 책에서 아무런 관계가 없다고 줄곧 말해왔지만, 그의 언어이론을 그런 대로 아는 사람의 입장에서는 꼭 그런 것만도 아닌 듯한 의심을 떨칠 수 없다. 예컨대 이 책에서도 소개되는 〈지배와 결속에 대한 강의〉에서 사용되는 용어들, 그 이후의 책에서 사용되는 용어들이 한결같이 우리 사회의 모습을 반영한 듯하다. '지배government' '결속 binding' '통제control' '장벽barrier' 등 예를 들자면 얼마든지 가능하다. 왜 하필이면 이런 개념어들이 사용됐을까? 본인도 의식하지 못하는 사이에 언어학과 행동주의가 함께하고 있었던 것은 아닐까 싶다. 여하튼 촘스키 본인은 둘의 관계를 극구 부인하기 때문에, 이 책의 저자는 촘스키를 언어학자와 정치적 행동주의자로 나누어 접근했다.

촘스키라는 인물, 더구나 현재도 활발히 활동하는 인물의 삶을 한 권의 얄팍한 책에 모두 담기는 어렵다. 불가능한 일이기도 하다. 따라서 저자는 다른 식으로 접근했다. 물론 전기가 그 인물을 둘러싼 크고 작은 에피소드들로 꾸려진다면 재밌기는 할 것이다. 언젠가는 그런 책이 출간되겠지만 현재로서는 이 작은 책으로도 충분한 듯하다. "왜 촘스키인가?"라는 질문에 답해주기 때문이다. 저자는 촘스키의 모든 것을 담겠다는 욕심을 버렸다. 언어학자로서, 또 정치적 행동주의자로서 촘스키의 뿌리를 추적하는 데 집중했다. 두 부분 모두에서 초기의 촘스키를 집중적으로 조명했다. 따라서 그 이후의 얘기는 자연스럽게 추론 가능해진다. 달리 말하면, 촘스키가 어떻게 지금의 촘스키가 됐는가를 얘기해주는 책이다.

물론 촘스키의 양면을 조금이나마 아는 사람으로서 이 책에 불만이 없는 것은 아니다. 저자가 뉴질랜드 출신의 언어학자이고 행동주의자여서 그랬겠지만 촘스키의 언어이론이 언어학계에서 차지하는 위치를 설명해가는 방법도 그렇고, 정치적 행동주의자로서 촘스키의 모습을 풀어나가는 방법도

'촘스키 편향'적이다. 하지만 한 권의 책에서 어떻게 모든 것을 기대할 수 있겠는가? 지금까지 촘스키의 저서들을 읽으면서 나름대로 확신했던 부분들, 예컨대 촘스키는 엘리트 집단 일원으로서 자본주의의 혜택을 누리면서 그런 특권을 감춘 채 자본주의를 비난하는 여느 지식인과 다르다는 점, 민중을 중요하게 생각한다면서 민중의 언어가 아닌 난해한 말로 자기 지식을 과시하는 자기만족에 빠진 지식인과는 다르다는 점 등을 재확인하는 즐거움을 만끽하게 해주는 책이다.

충주에서
강주헌

차례

옮긴이의 말 _ 4

1장  쉬지 않고 일하는 촘스키

우리는 왜 제대로 아는 게 없는가 ___ 13
학문 노동자 ___ 19
10대에 만난 《자유 노동자의 목소리》 ___ 29
언어학자 해리스와 만나다 ___ 33
행동주의자로서 삶 선택 ___ 42


2장  언어학자와 철학자

언어학은 과학 ___ 51
우연히 들어선 길 ___ 59
취미로 시작한 생성문법 ___ 63
철학에 빠져들다 ___ 67
뒤흔들린 언어학계 ___ 72
스키너, 콰인을 비판하다 ___ 77
경험주의를 옹호하다 ___ 87
촘스키 언어학의 확산 ___ 101
포리송 사건 ___ 115
언어 능력은 선천적인 것 ___ 120

**3장** 정치적 행동주의자

신문 가판점에서 만난 세계 ___ 131
아나키스트 로커 ___ 134
행동주의자로 만든 것들 ___ 139
러셀을 우러르다 ___ 143
언어학자이자 정치적 행동주의자 ___ 151
반전운동에서부터 시작 ___ 155
제국주의 미국을 파헤치다 ___ 165
'자유'를 위하여 ___ 175
중앙아메리카 분쟁지역으로 ___ 181
촘스키의 딜레마 ___ 189
팔레스타인―이스라엘 분쟁에서 미국이 원하는 건 자원 ___ 197
아, 동티모르 ___ 206
9·11사태로 드러난 미국의 실체 ___ 225


**4장** 신문을 읽는 촘스키

미디어 분석 전문가 ___ 253
아버지에게서 배운 귀중한 습관 ___ 257
여론은 어떻게 조작되는가 ___ 262
화성에서 온 언론인 ___ 283

**촘스키 이력** _ 296

# 쉬지 않고 일하는 촘스키

# 우리는 왜 제대로 아는 게 없는가

다채롭고 파란만장하게 살았던 까닭에, 한두 건의 낯 뜨거운 사건을 곁들여 많은 전기 작가에게 얘깃거리를 남긴 독창적인 사상가가 적지 않다. 격정적인 반항자로, 우연히 학문의 길에 들어선 독일의 프리드리히 실러도 그중 하나다. 1789년 그가 예나 대학교에서 첫 강의를 했을 때 사람들이 구름처럼 몰려들었다. 실러는 학교 측에 더 큰 강의실을 요구하지 않고 사람들과 예나의 거리를 행진해 시청으로 향했다. 그곳에서 그는 '자유'를 외치는 수천 명의 광적인 군중에게 강연했고, 예나의 자유분방한 여인들이 던지는 야릇한 눈길도 즐겼다. 사르트르와 러셀처럼 자유와 이성을 부르짖은 투사들은 틀에서 벗어난 삶을 살면서 기성집단의 분노를 불러일으켰

강연하는 촘스키

다. 전기 작가들에 따르면, 조지 오웰은 상류계급의 아들로 공립학교에서 받은 교육의 티를 완전히 버리지는 못했지만 노동계급의 영웅이었다. 유명세를 떠나 이런 행동주의자들은 보통 사람들의 운명을 바꾸기 위한 투쟁에 발 벗고 나섰고, 그 과정에서 과학과 예술을 발전시키기도 했다.

노엄 촘스키는 이 시대에 가장 저명한 행동주의자이자 뛰어난 학자다. 그러나 전기의 주인공이 될 만큼 얘깃거리가 많은 사람일까? 적어도 이 부분에서는 그렇지 않다. 그는 남의 눈을 상당히 의식하는 편이어서, 어떤 얘기에서도 자신이 주인공이 되는 걸 달가워하지 않는다. 또 그의 강연을 듣고 사람들은 뜨거운 박수를 보내주지만, 정작 본인은 자신을 지루하기 짝이 없는 강연자라며 농담하곤 한다. 그는 강단에 올라서기 무섭게 진지한 목소리로 청중에게 우리 시대의 '쟁점', 즉 청중은 물론 자신에게도 중요한 쟁점에 대해 들으려고 온 것이라고 말한다. 그는 알지만 사람들은 모르는 것이 무엇일까. 촘스키라면 이 질문이 틀렸다고 말할 것이다. 청중은 진실을 알고자 할 뿐이다. 거대한 프로파간다로 인해 진실이 감추어져 있다는 걸 알기 때문이다. 촘스키는 그 베일을 벗겨 진실을 드러내는 능력이 탁월한 사람이다. 물론 그는 철저한 조사와 논리적인 추론만 있다면 누구나 그렇게 할 수 있다고 말한다.

이 세상에는 크게 '플라톤의 문제'와 '오웰의 문제'가 있다. 촘스키는 두 문제를 다음과 같이 간략히 설명한다.

> 플라톤의 문제는 우리에게 주어진 증거가 턱없이 부족한데도 우리가 어떻게 그처럼 많은 것을 아는가를 설명하는 것이고, 오웰의 문제는 우리에게 주어진 증거가 넘쳐흐르는데도 우리는 왜 제대로 아는 게 없는가를 설명하는 것이다.[1]

오웰의 문제는 모든 정치적 행동주의자가 당면한 문제로, 넘치는 정보에도 행동이 없는 세상을 향한 절망감을 담고 있다. 따라서 다른 식으로 표현하면, 우리는 왜 전쟁과 대량학살을 막지 못하는 것일까, 빈곤을 퇴치하지 못하는 것일까, 왜 정의와 평등을 예외가 아니라 기준으로 삼는 사회 질서를 세우지 못하는 것일까 등이다. 한편 플라톤의 문제는 촘스키를 비롯한 진정한 학자들에게 주어진 문제다. 따라서 과거에 갈릴레오, 데카르트, 훔볼트가 그랬듯이 촘스키와 같은 언어학자라면 다음과 같은 의문을 당연히 품어야 한다. 우리는 언어 환경에서 받아들이는 게 별로 없는데도 어떻게 언어라는 걸 습득할 수 있을까, 누구에게도 배우지 않았는데 어떻게 언어의 모든 규칙을 아는 것일까, 과거에 말해본 적도 없고 들어본 적도 없는 말을 구사할 수 있는 이유는 무엇일까? 홍보산업이 민중의 생각을 조종하려 하듯이, 우리에게 언어를 학습 행위로 믿게 만들고 싶겠지만 언어는 학습 행위일 수 없다!

촘스키라면 학문과 정치적 행동을 혼동하지 말고 이쯤에서 그만두자고 말할 것이다. 사실 이 둘 사이에 필연적인 관계는 없다. 특히 촘스키에게는 그렇다. 아인슈타인의 상대성이론이나 러셀의 수학 원리와 마찬가지로 촘스키의 언어학도 오랫동안 과학적 방법으로 철저하게 연구한 끝에 발견되어 주창된 새로운 이론이다. 반면, 정치적 행동은 민중의 영역에 속한다. 물론 학자도 민중에 속하지만, 훌륭한 학자가 훌륭한 정치적 행동주의자라는 법은 없다. 그 가능성을 믿고 싶지만 안타깝게도 현실은 정반대인 듯하다. 그러나 촘스키는 다르다. 따라서 이 책에서는 그를 학자(언어학자)와 정치적 행동주의자라는 두 관점에서 살펴볼 것이다.

# 학문 노동자

촘스키는 특별한 굴곡 없이 살아왔다. 그가 의도치 않게 성취한 위상과, 그로 인해 얻은 수입과 경제적 안정을 고려하면, 촘스키는 자신이 적어도 미국의 노동자 계급과 비교해 특권적인 삶을 누리고 있다는 것을, 이른바 제3세계에서 가난하게 살아가는 대중과 비교해서는 더더욱 그렇다는 걸 처음으로 인정한 사람이다. 하지만 촘스키는 이 세상에 억압과 부정이 판을 치는 이유가 무엇인지 말하는 사람이란 점에서 주목을 받는다. 그 대가로 그는 미국과 유럽의 모든 주류 언론을 비롯해 세계의 기업권력에게서 모략과 비난을 받아왔다. 예컨대 독일의 시사 주간지 《슈피겔Der Spiegel》은 촘스키를 '반미 증오의 아야톨라(이슬람 시아파에서 고위 성직자에

연구 중인 촘스키. 촘스키는 자신이 미국의 노동자 계급과 비교해 특권적인 삶을 누리고 있다고 인정한다.

게 주는 칭호―편집자)'라 표현하기도 했다.[2]

2005년 촘스키는 일흔일곱 살을 맞았다. 일흔이 되었을 때 그는 아내 캐롤에게서 공개적으로 받은 생일 선물을 기억하고 있다. 캐롤은 "일흔 살, 멋져요. 하지만 당신이 여든 살을 맞기를 정말 바라요!"라고 말했다.[3] 그는 언어학과 정치학, 여타 문제로 하루걸러 200여 통의 전자메일을 받는다. 생일이라고 예외는 아니다. 그는 막중한 책임을 진 사람답게 개인 조수 두 명의 도움을 받아가며 주중에 모든 편지에 답장을 쓴다. 물론 강연과 강의를 준비하고, 학술 논문과 조만간 발표할 책과 그 밖의 글도 쓴다. 현재 매사추세츠 공과대학교MIT 언어학과 명예석좌교수인데도, 여전히 의무 시간을 넘어 강의하고 연구에 매진한다. 촘스키는 지독한 독서광이며, 세세한 부분까지 꼼꼼하게 읽는다. 그렇게 오랜 세월 독서한 덕분에 백과사전적 지식을 갖게 됐지만 지금도 연구를 게을리하지 않는다. 연구 성과가 대단한데도, 공장 조립라인에서 일하는 평범한 노동자가 자신보다 훨씬 많을 걸 만들어냈다고 말할 사람이다. 또한 촘스키는 노동자 계급 내에서 자신이 특권적 위치에 있다는 것을 깊이 인식하고 있으며, 학문 노동자가 어떤 모습이어야 하는지 온몸으로 보여준다.

많은 연구를 내놓으면서도 한결같이 독창적인 촘스키의 능력은 어디에서 오는 것일까? 하나는 그의 유전적 재능, 즉 촘스키가 즐겨 쓰는 표현을 빌면 '그의 뼛속'인 듯하다. 물론, 1913년에 우크라이나와 벨라루스에서 미국으로 이민와, 많은 이민 성공담이 그렇듯이 뼈 빠지게 일해서 자수성가한 그의 부모를 향한 공경의 표시라 할 수 있다. 두 사람모두 보수적인 정통 유대교 가문 출신이었다. 어머니 엘시 시모노프스키Elsie Simonofsky는 교사이자 행동주의자로, 당시 미국 지배 문화의 편협한 억압 속에서도 전통적 방식으로 가정을 꾸려나갔다. 아버지 윌리엄 촘스키William Chomsky도 교사였으며, 헤브라이어 문법을 전공한 헤브라이어 학자로 명성을 얻었다. 뉴욕에 정착한 외가 쪽으로 정치적 색깔이 짙은 친척이 꽤 있었지만, 촘스키의 부모는 루스벨트를 지지한 민주당원이었고 존 듀이John Dewey의 교육론을 지지했다. 보통 유대인은 헤브라이-시온주의자였지만, 촘스키의 부모는 아하드 하암(Ahad Ha'am, 1856~1927)의 문화 시온주의자에 가까웠다. 문화 시온주의는 팔레스타인을 유대 문화의 중심지로 간주하나, 유대국가 창설이라는 관념을 드러내지는 않았다.

촘스키와 동생 데이비드는 필라델피아에서 태어났으며, 교육과 사회의 쟁점을 미국 민주당의 전통적 관점에서 접근하는 환경에서 자랐다. 아버지가 언어학자였다는 점은 촘스키에게 뜻밖의 선물이었다. 1930년대 사회적 쟁점들은 근대사에서 가장 큰 문젯거리였다. 대공황의 여파로 필라델피아에 닥친 사회적 격변은 그렇다손 치더라도 국내외적으로도 중요한 변화가 밀어닥쳤다. 조지 오웰이 소설에서 예견한 대로 전체주의의 어두운 그림자가 전 세계를 뒤덮은 것이다. 어린 촘스키도 필라델피아의 거리에서 억압의 그림자를 실감할 수 있었다. 이웃이 반유대교적 성향을 띤 우익 가톨릭 신자인

촘스키(맨 오른쪽)는 정통 유대교 집안에서 자랐다. 부모님, 남동생과 함께.

데다 아일랜드와 독일에 뿌리를 둔 사람들이었기 때문이다.

촘스키의 가족이 루스벨트식의 자유주의를 견지하려 애쓰고 있을 때 촘스키는 뉴욕의 이모부에게 물들어가고 있었다. 이모부는 촘스키에게 자유주의 이외에 국내외의 프로파간다에 속고 억압받는 계급과, 노동자 계급과 연대하는 것에 대해서도 관심을 가져야 한다고 가르쳤다. 촘스키는 주변의 다른 목소리와 언어에 조심스레 귀를 기울였다. 촘스키 가족의 사교 범위는 좁았지만 촘스키는 뉴욕의 이모부에게서 자양분을 넉넉하게 공급받을 수 있었다.

촘스키는 상당히 일찍부터 정식 교육을 받기 시작했다. 템플 대학교에서 운영하던 듀이식 실험학교인 오크 레인 카운티 주간학교에 두 살에 입학해서 열두 살까지 다녔다. 촘스키는 지적 활동을 선천적으로 좋아했다. 방대한 양의 현대 유대인과 사회주의 경향의 문학과, 데이비드 킴체David Kimche를 다룬 아버지의 박사 논문을 비롯해 헤브라이어 문제에 대한 지극히 전문적인 책까지 비판적으로 읽으면서, 열두 살이라 생각되지 않을 정도로 탁월한 정신세계를 다듬어갔다. 자연스레 모든 지적 자극을 받을 수 있는 환경이었다는 점을 고려하면 그런 빠른 성장이 당연하게 여겨지기도 하지만, 촘스키가 모든 걸 상당히 적극적으로 탐구했다는 뜻이기도 하다. 실제로 가족의 한 친구가 "아들 녀석이 벌써부터 부모를 이기려 한다"고 말하기도 했다.[4] 촘스키 부모야 세상을 더 나은 곳으로 만들겠다고 일찍부터 결심한 아들을 보고 무척 기뻐했겠지만, 그들이 아들을 '기적의 아이 wunderkind', 즉 신동으로 키우려 한 조짐은 전혀 없다. 하기야 그것은 자신들의 교육적 이상과 동떨어진 생각이기도 했다.

촘스키는 자신이 유대인 공동체에 속하기 때문에도 시오니즘의 정책에 특별한 관심을 갖지 않을 수 없었다. 촘스키가 어린 시절부터 휘말린 커다란 모순 중 하나가 이 시오니즘에서 비롯된다. 일부가 지적하듯 촘스키가 시온주의자에서 반시온주의자로 변신한 것은 우리 시대에 가장 가슴 아픈 정치적이고 문화적인 논란거리가 아닐 수 없다. 하지만 촘스키 입장에서 보면, 거기에는 분명한 이유가 있다. 비유대계 이웃의 아이들은 기껏해야 슈퍼맨 만화책이나 읽었을 나이에, 촘스키는 학교에서 몇몇 아이와 시오니즘 문제로 얘기를 나누었다. 이런 사실은 당시는 물론이고 어느 시대에서라도 흔치 않은 일이었다. 물론 촘스키는 가끔 그랬을 뿐 여느 아이들처럼 놀았다고 말한다.

촘스키는 열 살 때 '파시즘의 확산'을 주제로 쓴 사설을 학교 신문에 기고했다. "오스트리아가 떨어졌고 체코슬로바키아도 떨어졌으며 이제 바르셀로나도 떨어졌다"는 첫 문장을 촘스키는 지금도 생생히 기억한다. 그로부터 2년 후에는 에스파냐의 아나키즘 혁명에 심취해, 반파시스트 난민들이 주로 운영하던 뉴욕의 중고서점과 아나키스트들이 이디시어로 발행하던 《자유 노동자의 목소리Freie Arbeiter Stimme》의 사무실을 들락거렸고 이모부와 파시즘에 관해 토론도 벌였다. 열에서 열두 살에 불과한 소년이 그런 문제를 붙들고 씨름하는 모습이 평범해 보이지는 않았을 것이다. 하지만 촘스키는 이성적으로 생각할 나이면 누구나 이해할 수 있을 만큼 근본적이고 상식에 기초한 문제였기 때문에 열 살에 불과한 아이라도 충분히 생각할 수 있는 것이었노라 주장한다.

그러나 촘스키는 이런 교육 방식이 이후로도 이어지지 않았다며, 미국을 비롯한 모든 나라에서 주류 교육의 근본적 개혁을 끊임없이 요구하는 건 당연하다고 말한다. 당면한 장애물은 그런 대안 교육 제도를 오랫동안 용납하지 않는 권위적이고 계급적인 제도에 기반을 둔 사회다. 아나키즘적 생디칼리스트(촘스키는 스스로를 자유주의적 사회주의자라고 한다—편집자) 운동이 바르셀로나에서 잠깐 동안이긴 했지만 진정한 노동자 사회를 이뤄냈듯이, 실질적이고 전향적인 교육을

유대인 아나키스트들이 발행한 《자유 노동자의 목소리》. (Wikipedia public domain)

구현할 수 있다는 것은 역사적으로 증명된 중요한 교훈 중 하나였다. 촘스키를 아나키즘적 생디칼리스트나 사회주의적 자유론자라고 비방하더라도 약간의 선의를 지닌 사람들은 그의 고결하고 공상적인 이상주의를 언급했다. 하지만 촘스키 이전에 많은 사람이 그랬듯이 상식에 따른 입장이 언제나 현실적인 대안이었다.

열두 살 때 촘스키는 센트럴 고등학교에 입학했는데, 놀라지 않을 수 없었다. 좋은 학교라는 명성에도 불구하고 주입식 교육으로 학생들에게 '잘못된 믿음'을 심어주고 있었기 때문이다.[5] 촘스키는 성적은 뛰어났지만, 개인의 장점을 평가하던 첫 학교와 달리 성적이 낮은 친구들을 희생시키며 거둔 성과라는 사실을 알고는 마음이 편하지 않았다.

고등학교 시절에 겪은 한 일화에서, 고등학교를 다닐 때는 물론이고 이후로도 계속 많은 사람이 흔히 집착하는 경쟁적인 스포츠와 그가 담을 쌓은 이유가 설명된다. 촘스키도 처음에는 여느 학생들처럼 학교 풋볼팀을 응원했다. 그러던 어느 날 그런 응원이 어리석은 짓이란 사실을 깨달았다. 무엇보다 자신이 학교를 '증오'했기 때문이다. 대개 학생이 자신의 학교만이 아니라 학교가 표방하는 모든 것을 증오하게 되는 현상과 비슷했다. 물론 촘스키는 존경하는 조지 오웰만이 아니라 많은 문학가가 자신이 받은 교육을 분명한 어조로 비난해오지 않았느냐며 단서를 달긴 했지만 말이다.

# 10대에 만난 《자유 노동자의 목소리》

열세 살에 촘스키는 필라델피아라는 좁은 구석을 탈피해 뉴욕을 정기적으로 여행하기 시작했다. 그는 뉴욕의 외가, 즉 유대인 노동자 계급 문화권에 있는 가족을 방문했다. 이모부 밀턴 클라우스Milton Klauss는 72번가에서 신문 가판점을 운영하고 있었다. 72번가는 중산층 전문직 지식인들이 주로 들락거리는 곳이었고, 그들 중 다수가 독일 등 타국에서 온 이민자였다. 클라우스는 대단한 독학자로 당시 심리분석 문학에 깊이 심취해 있었다. 저녁마다 그의 가판점에 모여드는 사람들 중에는 정신과 의사와 정신분석 전문의도 적지 않았다. 이들 역시 이민자였다. 훗날 클라우스는 상당히 성공한 아마추어 정신분석가가 돼 리버사이드 드라이브에 아파트까지 장만할 정도였다. 여하튼 이모부 덕분에 촘스키는 초라한 차림이었지만 각양각색의 지식인을 만날 수 있었다. 그는 당시 경험을 '10대 초반에 내게 가장 큰 영향을 미친 지적인 문화'였다고 회고한다.[6] 인습적 해석에서 벗어난 마르크스주의와 아나키즘의 경계를 자유롭게 넘나들면서 촘스키는《자유 노동자의 목소리》의 사무실을 들락거렸다. 당시 저명한 기고가로는 아나키즘과 정치혁명의 필요성을 설득력 있게 주장한 루돌프 로커Rudolf Rocker가 있다.

10대였던 촘스키는 대의를 위해서 글을 쓰는 훌륭한 작가가 많다는 사실에 깊은 감명을 받았다. 그들은 돈을 벌기 위해서 일하지 않았다. 물질적 이득을 구하지 않고 오로지 공동의 선이 진보하는 데 혼신을 다하는 사람들이었다. 중산층과 상류층이 개인적인 이익과 물질적 이득을 조금이라도 더 얻으려고 안달하는, 뉴욕과 고향 필라델피아에서 흔히 보던 천박한 자본주의와는 사뭇 달랐다. 자신이 아니라 남을 위해 일해야 한다는 생각이 어린 촘스키에게 삶의 원칙으로 자리 잡았다. 그가 당시에 심취해 있던 환경을 고려하면 자연스런 현상이었다. 물론 그의 부모가 속해 있던 헤브라이-시온주의 문화도 개인의 물질적인 이득보다, 헤브라이 문화와 언어의 회복, 시온주의자의 팔레스타인 정착이란 '대의'를 지향

했다. 따라서 촘스키는 비교
적 어린 나이에, '나쁜' 사람
들이 '좋은' 생각을 악용할
수 있기 때문에 이데올로기가
전체주의적 성향을 띤 사람들
에게 강탈당하면 무의미해질
수 있다는 사실을 깨달았다.
촘스키가 스탈린주의를 추종
한 정치위원들을 지독히 경멸
했듯이, 훗날 미국의 '무력

고등학교 졸업 사진. 이 무렵 촘스키
는 배워야 할 거의 모든 것을 배운
상태였다.

외교power politics'에서 레이건과 부시 같은 '제국주의의 꼭
두각시'를 경멸했던 것도 이런 이유에서이다.

촘스키는 정치색을 띤 소책자와 지하 작가의 글을 읽으면
서 이것들과, 주류 언론과 서점에 쌓인 책이 제공한 정보가
극명하게 다른 것에 충격을 받았다. 상상을 초월할 정도로
달랐던 것이다. 왜 그럴까? 주류 언론이 제공하는 정보는
거대한 '선전 기구propaganda machine'의 산물이었기 때문
이다. 그로부터 수년 후에 시작된 전쟁 편집증으로 진실과
프로파간다의 간격은 더 크게 벌어졌다. 촘스키는 훗날 이
구조를 낱낱이 파헤쳤다.

촘스키는 고등학교를 졸업한 열여섯 살 때 배워야 할 것을 다 배운 상태였다. 유전적 선물과 남달리 경험한 학습의 축복받은 결합 덕이었다. 하지만 촘스키는 자신의 성장을 이 요인들로만 해석하는 걸 조심스레 거부했다. 언젠가 부모의 영향을 묻는 인터뷰에서 촘스키는 "영향과 저항이 어떻게 결합됐는지 가려내기란 어렵다. 물론, 내가 추구한 관심사와 경향, 방향은 배경에 큰 영향을 받았겠지만 배경이 전부는 아니었다"고 대답했다.[7]

# 언어학자 해리스와 만나다

2차대전이 막바지로 치닫고 있을 무렵, 촘스키는 펜실베이니아 대학교에 등록했다. 학교는 집에서 다녔다. 철학, 논리학, 언어 등 일반 과정을 이수하면서 촘스키는 전공과 어떤 관계가 있었기 때문이 아니라 흥미롭다는 이유로 보고서를 써냈다. 이런 이상주의는 대학의 현실로 인해 종종 좌절되었다. 사실 대학 시스템은 획일화된 고등학교 때와 크게 다르지 않았다. 눈에 띄는 교수가 있기는 했다. 아랍어 교수였는데 그는 이탈리아 출신의 반파시스트 망명자로 훌륭한 인격자이면서 뛰어난 학자였다.[8] 그러나 이러한 학자를 만나기는 힘들었다. 그래서 촘스키는 그의 전후의 많은 학생이 그랬듯이 학교를 중퇴하고 팔레스타인에 가서 키부츠에서 일할 생각도 했다.

촘스키가 정통 유대교 가정 출신이었기 때문에 키부츠에 관심을 가진 건 당연하게 여겨질 수 있었다. 지금도 그렇지만 당시에 키부츠에는 세계 각지에서 많은 사람이 모여들었다. 그렇다고 그들이 모두 유대인은 아니었다. 키부츠는 협동과 평등을 강조하는 방식으로 운영되어 많은 사람의 관심을 끌었다. 아랍인과 유대인의 협력을 지지하며 유대국가 창설을 반대하는 키부츠도 있었다. 촘스키였다면 그런 키부츠에서 일하고 싶었을 것이다. 그런데 한 가지 문제가 있었다. 팔레스타인에 있는 키부츠 조직은 거의 모두 스탈린주의자들로 이루어져 있었고, 미국 조직들은 스탈린주의자와 트로츠키주의자로 분열되어 있었다. 그런데 촘스키는 10대 초반부터 반레닌주의자였던 것이다. 아울러 반스탈린주의자, 반트로츠키주의자였다. 당시에는 이런 차이를 무시할 수 없었다. 그 후 촘스키는 이스라엘을 수차례 방문했지만 유대국가의 존재를 줄곧 반대했고, 기정사실로 받아들이지 않았다.

두 사건으로 촘스키는 팔레스타인에 가지 못했다. 하나는 어린 시절 친구인 캐롤 샤츠Carol Schatz와 사랑에 빠진 것이고, 다른 하나는 펜실베이니아 대학교의 언어학 교수 젤리그 해리스Zellig Harris를 만났기 때문이다. 해리스는 미국에서 언어학과를 처음 만들었고, 구조주의 언어학과 담화 분석의 창시자이기도 하다. 그는 모든 언어를 연구하고 기술할 수 있는 엄격한 방법론을 개발해냈다. 구체적으로 말하면, 분절과 분류, 재구성을 통해 언어의 기본 요소

촘스키 부부(1949). 부인 캐롤은 어릴 때 친구였다.

를 찾아내는 방법론이었다. 촘스키는 해리스의 방법론에 관심을 가졌다.

더욱이 해리스의 정치관이 촘스키와 무척 흡사했다. 해리스는 프랑크푸르트학파(프랑크푸르트 암 마인 대학교의 사회연구소를 중심으로 한 신마르크스주의 사회 이론가 집단. 마르쿠제, 호르크하이머, 아도르노, 에리히 프롬 등이 중심인물이었다—편집자)와 심리분석에 푹 빠진 비판적 사상가였다. 그는 반볼셰비키 좌파인 아르투어 로젠베르크(Arthur Rosenberg, 독일 역사가), 안톤 판네쾨크(Anton Pannekoek, 독일 천문학자), 파울 매티크(Paul Mattick, 독일 정치 평론가)와 성향이 같았다. 특히 해리스의 친구인 매티크는 나중에 촘스키도 알

게 된다. 해리스는 유대국가 건설을 반대하는 좌파 시온주의 단체인 '아랍·유대인의 화해와 협력을 위한 연맹League for Arab-Jewish Rapprochement'과 아부카Avukah에서 주로 활동했다. 아부카는 유대국가 건설을 반대하는 미국 좌파 시온주의 단체로, 해리스는 이 단체에서 주도적인 인물이었다. 아부카는 당시 젊은이들에게 엄청난 영향을 미쳤다. 시온주의에 가담한 많은 유대계 젊은 급진적 지식인에게는 물론이고 반국가주의자, 반스탈린주의자, 반레닌주의자에게도 큰 영향을 끼쳤다. 아부카의 정신은 로커의 아나키즘적 생디칼리스트와 판네쾨크의 좌파 마르크스주의에 가깝던 촘스키의 초기 아나키즘적 성향과 딱 맞아떨어졌다.

해리스의 교수법은 파격적이었다. 그는 학생들과 개인적으로 어울렸고, 딱딱한 강의실을 벗어나 술집이나 자신의 아파트에서 강의하기도 했다. 촘스키는 그때를 회상하며, "우드랜드 거리에서 34번가를 지나면 혼 앤 하다트라는 식당이 있었다. 우리는 그 식당의 2층이나, 프린스턴에 있던 그의 아파트에서 자주 만났다. 해리스의 부인은 수학자였고 아인슈타인과 함께 일했다"고 말했다.[9]

사랑에 빠지고, 천직을 발견한 촘스키는 본격적으로 연구에 전념하기 시작했다. 1949년 스물한 살 때 촘스키는 당시 열아홉 살이던 캐롤과 결혼했고, 학사 논문을 끝냈다. 그때부터 그의 삶은 크게 세 방향으로 치달았다. 개인적인 삶과 학자로서 삶 그리고 정치적 행동주의자로서 삶이었다. 평론가와 전기 작가에게는 아쉽겠지만, 촘스키는 이 세 방향이 서로 독립적인 것이라고 주장한다. 이 책에서는 그의 말을 그대로 받아들여, 언어학자와 정치적 행동주의자로서 삶을 별개로 다루었다.

촘스키와 캐롤은 학생 시절에 결혼했기 때문에 안정된 미래를 위한 큰 계획은 설계해놓지 못했다. 안정된 삶을 꾸려갈 수 있을 것처럼 보이지도 않았다. 그들은 이런 이유에서 자식을 갖는 걸 7년이나 미루었지만, 거기에는 각자의 일에 몰두한 이유도 있었다. 캐롤은 훗날 혼자 힘으로 언어학자가 돼서, 주로 로망스어와 음향음성학 분야에서 음성학자로 활동했다. 하버드 대학원에서 음성학을 몇 년간 공부했지만 1953년 무렵 중퇴했다가 67년에야 다시 공부를 시작했다. 촘스키가 징역형을 선고받을 위기에 처했고, 걱정해야 할 자식이 셋이나 있던 때였다.

1951년 촘스키는 하버드에서 3년간 연구 장학금을 받게 돼 보스턴으로 이주한다. 부부는 처음으로 거주지를 옮긴 것이었는데, 훗날에야 알게 됐지만 마지막 이주이기도 했다.

그들은 찰스 강 남쪽에 자리 잡은 올스톤의 커먼웰스 거리에 있는 조그만 아파트를 세냈다. 65년 렉싱턴 지역으로 이주한 후 지금도 그곳에서 살고 있다. 캐롤은 펜실베이니아 대학에서 래드클리프 칼리지로 전학했는데, 래드클리프는 하버드에 속한 여자 단과대학이었다. 당시만 해도 하버드는 남성만의 전유물이었다.

하버드 연구원이 누릴 수 있는 가장 큰 혜택은, 젊은 연구원들이 세계를 돌아볼 수 있도록 지원하는 여행 보조금이었다. 1953년 촘스키 부부는 첫 해외여행을 떠났다. 주된 목적은 이스라엘에서 키부츠 생활을 직접 체험하는 것이었다. 그러나 유럽의 여러 지역도 그들의 여정에 있었다. 53년의 유럽여행은 미국인에게 색다른 경험이었을 것이다. 2차대전이 미국에는 풍요를 안겨주었지만 유럽, 특히 독일에는 어디에나 전쟁의 상흔을 남겨놓았다. 마셜플랜으로 이미 경제적 효과를 거두고 있었지만 유럽의 많은 도시는 폭격의 상처를 완전히 씻어내지 못했다. 이런 상황에서 연이은 혹독한 겨울은 노동자 계급을 죽음으로 몰아넣었다. 촘스키 부부는 영국에서 프랑스로, 다시 스위스를 거쳐 이탈리아로 넘어갔다(훗날 촘스키는 학문적인 목적에서나 개인적인 이유에서 이탈리아를 가장 가고 싶은 곳으로 꼽았다). 그들은 이탈리아에서 이스라

1955년 이스라엘에서 캐롤.

엘로 향했다.

촘스키 부부가 유대국가의 건설을 반대하기는 했지만 유대인이었고 시온주의자였던 까닭에 이스라엘은 역사적 의미를 갖는 목적지였다. 이스라엘의 정책 방향에 비판적이었지만 촘스키 부부는 좌익 성향을 띤 키부츠 생활을 즐기면서 힘든 노동도 마다하지 않았다. 젤리그Zellig와 브루리아 해리스 Bruria Harris 부부도 키부츠에서 생활한 적이 있고, 그 후로도 그들은 자주 키부츠에 머물렀다. 촘스키 부부가 키부츠에서 지내는 동안, 브루리아는 이웃 키부츠에서 한 해를 꼬박 지냈고, 젤리그는 6개월가량 머물렀다.

촘스키의 키부츠는 하쇼머 하차이르Hashomer Hatzair에 속했다. 하쇼머 하차이르는 키부츠 운동을 끌어가는 두 주된 세력 중에서 더 좌익 성향이 짙고, 아랍인과 모든 활동을 공유하는 키부츠 운동의 중심 조직이었다. 요컨대 '낡은 두 국가주의의 잔재물'이었다. 하지만 촘스키도 인정하듯이, 약간의 불안감이 없지는 않았다. '배타성과 민족주의로 획일화된 분위기'가 그에게는 달갑게 여겨지지 않았다.[10] 또한 그곳에 팽배한 맹목적인 스탈린주의도 마음에 들지 않았다. 하지만 키부츠에서 받은 영향이 얼마나 컸던지 촘스키 부부는 보스턴에 돌아와서도 키부츠에 영원히 정착하는 문제를 진지하게 고려해보았다.

2년 후, 캐롤이 이스라엘에 가서 키부츠에 영원히 정착해 살 가능성을 타진해보기로 결정했다. 그래서 캐롤은 1955년 이스라엘로 돌아갔다. 촘스키가 MIT에서 교수로 일하기 시작한 때였다. 캐롤은 키부츠 생활을 좋아했지만 심각한 교통 문제가 있었다. 촘스키가 주중에는 대학에서 일하고 주말에만 키부츠로 돌아와야 했기 때문이다. 그런 모습은 그들이 생각하던 가족의 삶이 아니었다. 결국 캐롤은 보스턴으로 돌아왔고 세 아이를 낳았다. 아비바(Aviva, 1957년생), 다이앤(Diane, 1960년생), 해리(Harry, 1967년생)였다. 아비바는

촘스키 가족. 시계 반대 방향으로 촘스키, 캐롤, 아비바, 다이앤, 해리.

운명인 양 학자가 돼서 중앙아메리카의 역사와 정치를 전공했고, 다이앤은 니카라과 수도 마나과에 있는 한 원조기구에서 일하고 있으며, 해리는 캘리포니아에서 소프트웨어 개발자로 근무하고 있다.

캐롤이 대학원에 복학해 어린이의 언어 습득 과정을 주제로 박사 학위를 취득하면서, 촘스키의 정치적 행동으로 인해 닥칠지도 모를 경제적 불안감은 어느 정도 해소됐다. 1969년 캐롤은 같은 주제를 다룬 첫 책을 발간했다.[11] 그 후 하버드 교육대학원에서 교편을 잡았고 1996년까지 가르쳤다.

# 행동주의자로서 삶 선택

촘스키는 1967년 10월 처음으로 투옥됐고, 교도소에서 노먼 메일러Norman Mailer(미국 소설가. 베트남전쟁을 다룬 《밤의 부대》로 퓰리처상을 받았다)를 만났다. 베트남전쟁을 반대하는 단체 '레지스트RESIST' 창립 일원도 되었다. 이 역할로 인해, 훨씬 심각한 문제가 대두되면서 사태가 걷잡을 수 없이 발전하리라는 불길한 징조까지 엿보였다.

무능한 FBI 덕분에 촘스키는 석방됐지만, 보스턴의 5적 — 벤저민 스폭(Benjamin Spock, 소아과 의사), 윌리엄 슬론 코핀(William Sloane Coffin, 성직자이자 평화활동가), 마커스 라스킨(Marcus Raskin, 정치적 행동주의자), 마이클 퍼버 Michael Ferber, 미첼 굿먼(Mitchell Goodman, 작가) — 은 당국의 추적을 받았다. 이들에 대한 재판이 자유주의자들의 눈에는 코미디에 불과했지만, 촘스키 가족은 이 일로 보수 집단이 어떤 짓이라고 하리라는 두려움에 휩싸였다. 그러나 캐롤은 길거리로 뛰쳐나가 아이들과 손잡고 반전 집회의 행진에 참여했고, 매사추세츠의 평화로운 콩코드에서 벌어진 여성과 어린이의 침묵 시위에 두 딸을 데려가 참여하기도 했다. 이 시위에서 캐롤과 두 딸은 통조림 깡통과 토마토 세례를 받았다.

촘스키는 어떤 압력에도 굴복하지 않고 용기 있게 글을 써 냈다. 1982년 무렵에는 대외적으로 발표한 글만 150편이 넘었다. 그는 미국 국내뿐만이 아니라 해외에서도 자주 찾는 강사, 강연자가 되었고, 명예 학위와 국제적으로 권위 있는 상도 받았다. 그러면서 국내외로 여행하는 시간이 잦아졌다. 일정표가 숨 돌릴 틈 없이 빡빡해져갔다. 그의 대중적 인지도가 높아지면서 가족의 사생활을 지키는 것도 힘들어졌다. 캐롤은 96년 은퇴하고서야, 즉 아이들이 모두 성장한 뒤에야 촘스키의 여행에 동반하기 시작했고, 촘스키의 스케줄을 관리하는 실질적인 매니저 역할을 맡았다.

1970년대와 80년대에 촘스키는 학자로서 역할에 충실했다. 1961년 서른세 살에 MIT 종신교수에 오르고, 76년에

MIT에서 가장 권위 있는 '인스티튜트 프로페서Institute Professor'에 임명됐다는 사실을 기억하면, 학자로서 최고의 절정기를 맞고 있었던 셈이다. 실제로 그는 탁월한 학자로 성장해가는 과정에 있었고, 멀리 떨어진 런던 대학교(1967)와 델리 대학교(1972)를 비롯한 많은 연구기관에서 명예 학위를 받았다. 2005년까지 그가 받은 명예 학위, 상만 해도 30여 개에 이르렀다.

초빙 연사나 체류 교수로 와달라는 요구가 빗발치면서 그의 여행 범위가 해외로 넓혀진 지 오래였다. 그의 책 판매량에 필적할 만한 학자는 손으로 꼽을 정도였다. 이런 성공에도 학자이자 정치적 행동주의자로서 촘스키는 여전히 주류 세계에 편입되지 않고 변두리에서 머물 뿐이었다. 말년의 러셀처럼 촘스키도 많은 시민운동을 조직하고 수많은 추종자를 동원할 수 있었다. 하지만 학계와 정계 주류 집단의 태도는 달랐다. 그를 완전히 배척하지는 않더라도 그와 일정한 거리를 두려고 발버둥을 쳤다. 예컨대 닉슨 시절에 촘스키는 '국가의 적'이란 파렴치한 명단에 오르기도 했다.

촘스키의 사상은 오디오, 비디오테이프를 통해 널리 전해지며, 기존의 판매망이 미치는 못하는 곳의 청중에게도 전해지고 있다. 1970년 촘스키의 하노이 방문은 한때 지하운동과 민중조직운동 쪽에서 큰 화제가 되었다. 영화배우이자 반전운동가였던 제인 폰더Jane Fonda가 하노이를 방문했다가 이후에 이른바 '반역'을 이유로 미국 국민에게 사과한 사실은 알려졌지만, 촘스키가 하노이를 방문한 사실을 아는 사람은 극히 드물다. 촘스키는 시골로 피신한 사람들이 돌아올 수 있는 폭격 중단 기간에, 폭격당하지 않고 남아 있는 하노이의 폴리테크닉 대학교 건물에서 강연해달라는 초청을 받았다. 많은 사람이 수년 동안 책이나 신문을 보지 못해, 세상이 어떻게 돌아가는지 무척 알고 싶어 했다. 촘스키는 주제를 가리지 않고 온갖 지식을 동원해서 오랜 시간 동안 강연했다. 하노이에 들어가기 전에 그는 라오스도 둘러보았다.

이후 촘스키는 논란이 될 만한 해외여행은 하지 않았다. 그러나 2002년 터키를 방문해서는 위험을 무릅쓰고 자신의 책을 출간했다는 이유로 반역죄로 기소된 출판인의 재판에 참석했다. 그 출판인은 촘스키에게 공동 피고가 돼줄 수 있겠느냐고 물었고, 촘스키는 그 요청을 기꺼이 받아들였다. 꼭두각시 사법기관에 불과하던 보안법정은 국제 사회, 특히 유럽에 알려지는 걸 두려워해서인지 재판 첫 날에 기소를 기각해버렸다. 터키에 체류하는 동안 촘스키는 쿠르드 지역을 방문했고, 쿠르드인의 인권을 강력하게 옹호했다.

촘스키 부부의 지극히 개인적인 삶을 요약한 글들을 보면, 그들의 삶에서 개인적인 영역과 공적인 영역 간의 충돌로 야기되는 많은 모순이 한결같이 지적된다. 오늘날까지, 그들은 이 모순을 잘 관리해온 듯하다. 특히 그들의 개인적 삶을 밝히려는 많은 사람의 집요한 추적에도 개인적인 삶과 공적인 삶을 현명하게 분리하고 있는 듯하다. 이 장 앞부분에서 지적했듯이, 우리가 촘스키의 개인적 삶에서 배울 수 있는 최고의 교훈은, 그의 삶이 부모에게서 자식으로 전해지고 소수의 좋은 중등학교와 대학교로 이어지는 인본주의적 교육과, 자기 주도적인 학습에 대한 철저한 믿음에 바탕을 두고 있다는 점이다.

주 ───────────────────────────────

**1** Noam Chomsky, *Knowledge of Language*, (New York, 1986), p. xxvii: James McGilvary, *Chomsky*(Cambridge, 1999), p. 239에서 인용.

**2** Carsten Volkery, ‘Noam Chomsky, Der Grossvater der AmerikaKritiker’, Spiegel Online, 2005년 3월 25일, http://www.spiegel.de/politik/Deutschland/0,1518,348276,00.html 온라인에서 본문 입수 가

능(2005년 7월 3일 현재).

3 http://www.zmag.org/noambirth.htm 온라인에 게재된 노엄 촘스키 70회 생일 기념 일반인의 메시지(2005년 7월 5일 현재).

4 Robert F. Barsky, *Noam Chomsky: A Life of Dissent*, (Cambridge, MA, 1997), p. 13.

5 위의 책, p. 1.

6 Noam Chomsky, *The Chomsky Reader*, (New York, 1987), p. 11. 혹은 Robert F. Barsky, *Noam Chomsky: A Life of Dissent*, (Cambridge, MA, 1997), p. 23에서 인용.

7 Harry Kreisler, 'Conversation with Noam Chomsky'(Berkeley, 2002). http://www.Chomsky.info/interviews/20020322.htm에서 본문 입수 가능(2005년 7월 1일 현재).

8 Noam Chomsky, *The Chomsky Reader*, (New York, 1987), p. 7., Robert F. Barsky, *Noam Chomsky: A Life of Dissent*, (Cambridge, MA, 1997), p. 47에서 인용.

9 Samuel Hughes, 'The way they were (and are)', University of Pennsylvania Gazette(2001년 7~8월).

10 위의 잡지, p. 82.

11 Carol Chomsky, *The Acquisition of Syntax in Children from Five to Ten*, (Cambridge, MA, 1969).

# 2장

# 언어학자와 철학자

# 언어학은 과학

언어학, 즉 언어 연구를 이상한 학문이라 생각하는 사람이
적지 않다. 언어학의 기본적인 도구는 언어 자체다. 앞뒤가
맞지 않는 모순처럼 들린다. 하지만 인류는 먼 옛날부터 줄
곧 언어를 연구하고 탐구해왔다. 따라서 언어학은 인류에게
알려진 가장 오래된 학문이다. 촘스키 주장에 따르면 언어학
은 여느 학문과 마찬가지로 과학이며, 언어학자와 자연과학
자가 연구하는 방법은 다를 바가 없다. 촘스키가 우스갯소리
로 말했듯이, 술 취한 사람이 가로등 아래에서 열쇠를 찾는
이유가 빛이 거기에 있기 때문이지 않은가![1]

열쇠를 찾아 나선 문법학자와 연구자 중 하나가 인도의 언
어학자 파니니Panini였다. 파니니는 기원전 5세기에 산스크

리트의 형태에서 일정한 규칙을 찾아냈다. 한편 고대 그리스에서 언어 연구는 철학과 관계가 밀접했다. "크레타 사람은 모두 거짓말쟁이다"는 유명한 역설이 오늘날까지 전해질 정도다. 고전 그리스어와 라틴어가 유럽 대다수 지역에서 학문의 언어가 되면서, 두 언어의 문법에 대한 관심도 깊어졌다. 영국의 교육제도에서 '문법 학교grammar school'가 크게 축소되기는 했지만 오늘날까지 살아남아 있다. 문법과 관련된 모든 용어가 실질적으로 고전학자의 연구에서 비롯됐다는 사실도 당연한 듯하다. 그리스어와 라틴어 문법이 다른 모든 언어에서 기준 역할을 했기 때문이다. 영어, 프랑스어, 독일어, 헤브라이어, 러시아어, 아랍어, 중국어 등 문자를 지닌 언어들의 문법학이 당시 '문헌학philology'이라 일컬어진 한층 일반적인 언어 연구의 일부로 통합됐다. 이런 언어들의 역사가 큰 관심을 끌면서 언어들의 역사적 변천이 본격적으로 연구됐고, 그 성과로 게르만어에서 '대모음추이'(大母音推移, Great Vowel Shift)를 밝혀냈다. 17세기 프랑스의 포르루아얄Port-Royal 문법학자들은 다른 면, 즉 언어와 생각의 관계를 파고들었다. 프랑스 철학자 데카르트에게서 부분적으로 영향을 받은 그들은 문법의 범주와 구조가 생각의 논리적 패턴, 즉 정신의 구조와 유사하다고 주장했다. 촘스키는 포르 루아얄 문법학자들의 주장들을 정리해서 《데카르트 언어학Cartesian Linguistics》(1966)이란 이름으로 발표했다.[2]

시간이 지나면서, 언어의 역사에 중점을 두던 문헌학적인 전통이 쇠락하고 공시적synchronic인 언어 연구가 강조됐다. 19세기가 주로 역사 언어학에 중점을 두었다면 20세기는 살아 있는 언어, 즉 구어口語에 초점을 맞추기 시작했다. 달리 말하면, 세계에 존재하는 모든 언어가 연구 대상이 됐다는 뜻이다. 실제로 대다수의 언어가 문자를 갖지 못했잖은가. 구어, 즉 입말이 연구되면서 언어의 음성체계에 대한 연구인 음성학과 음운론의 중요성이 되살아났다. '음소phoneme'를 실제 발음의 '심리적 표상psychological representation'으로 해석하는 이론이 널리 인정됐다.[3] 달리 말하면, 화자는 밀접하게 관련된 다양한 발음을 하나의 유의미한 소리로 인식한다는 뜻이다. 따라서 음소는 단어를 형성할 때 의미를 부여하는 역할을 한다.

예를 들어, 영어 단어 mat와 mad는 음소 /t/와 /d/의 차이로만 구분된다(음소는 사선으로 표기하는 것이 관례다). 하지만 화자나 청자나 영어를 모국어로 사용하는 사람은 다양하게 발음되는 /t/를 하나의 음으로 받아들인다. 따라서 평음 [t]와 기식음 [th]를 구분하지 않는다(실제 발음되는 음성학적 소리는 대괄호로 표기하는 것이 관례다). 그러나 힌디어에서 두 소리는 영어에서는 똑같은 소리로 들리는 단어에 다른 의미를 부여하기 때문에 음소가 된다. 따라서 /t/와 /th/로 표기된다. 이처럼 언어마다 음소 체계가 다르기 때문에 음성학적 허용 범위도 달라진다. 세계 모든 언어에서 실제로 소리 나는 발음들은 '국제음성자모(International Phonetic Alphabet, IPA)'로 표기된다. 미국 영어에서 math와 mat는 두 음소, /t/와 /th/의 존재로 구분되지만, 독일어에는 /th/라는 음소가 없을 뿐 아니라 영어의 /th/에 해당되는 어떤 소리도 존재하지 않는다.

화자가 무수한 발음에서 소수의 음소를 선별해서 습득한다는 생각은 그 자체로 혁명적이었다. 어떤 언어는 모든 언어에 적용되는 훨씬 포괄적인 체계, 즉 심층 체계가 겉으로 드러난 하나의 사례에 불과하다는 생각이 이론적으로 가능하기 때문이다. 촘스키도 이런 생각을 받아들였지만, 그런 심층 체계는 '심리적 실재psychological reality'를 가져야만 한다는 조건을 덧붙였다. 언어학자는 실질적 체계, 즉 생물학의 다양한 분야처럼 실체를 갖는 체계를 찾아야 한다는 것이 촘스키의 일관된 입장이었다. 심층 체계는 심리학의 일부로 여겨질 수 있기 때문에, 심층 체계는 심리적 실재, 즉 심리학의 영역에 속하는 실재를 가져야만 한다는 뜻이다. 심리적 실재를 전제하려면 '더 많은 것'이 필요하다고 주장하는 문헌이 많다. 예컨대 심리적 실재를 겉으로 드러내는 과정에 관련된 정보들이 필요하다는 것이다. 촘스키는 그 과정을 신비로운 과정이라 말할 뿐이다.

물론 우리는 화학이론과 마찬가지로 언어이론도 실험을 거쳐 검증되기를 바란다. 그러나 언어이론을 검증하기란 불가능하다. 예컨대 심리적 실재를 겉으로 드러내는 과정에 관련된 정보가 다른 심리적 실험들에서 얻은 증거들로 찾아낼 수 없는 '실재'까지 밝혀줄 수는 없다. 언어학자 자신에게 또는 언어학자가 다른 원어민에게 정보를 얻는 일도(언어학자 자신이나 다른 원어민에게 정보를 얻는 일도) 일종의 심리적 실험일 뿐이며, 그 실험은 언어학자가 바라는 만큼 정확해질 수 있다.

현대언어학은 스위스의 언어학자 소쉬르(Ferdinand de Saussure, 1857~1913)에서 시작됐다는 게 정설이다. 소쉬르는 랑그langue와 파롤parole을 구분하면서 현대언어학의 터전을 놓았다.[4] 랑그는 언어 자체의 내적 체계와 구조를 가리키고, 파롤은 언어의 사용을 가리킨다. 랑그와 파롤의 구분도 상당히 혁명적인 발상이었다. 이 둘이 구분되기 전에는 커뮤니케이션으로서 언어 사용이 언어의 구조를 결정한다고 흔히 생각했기 때문이다. 이런 생각은 지금도 여전히 유효하며, 촘스키 언어학의 문제점을 해결하는 수단으로 쓰인다. 훗날 촘스키가 그랬듯이, 소쉬르는 "모두가 똑같은 언어 능력을 갖지만, 이런 언어 능력을 무척 다양한 방식으로 사용한다"는 것을 근거로 랑그와 파롤을 구분했다. 이 이론에 따르면, 언어 능력이 언어 사용보다 우선한다. 언어 사용은 언어 능력에 거의 영향을 미치지 못한다. 그러나 랑그에 대한 소쉬르와 촘스키의 생각이 달랐다는 점을 간과해서는 안 된다. 소쉬르에게 랑그는 사회적 개념이었지만, 촘스키에게 랑그는 개인적 심리 개념이었다.

소쉬르는 시니피앙signifiant과 시니피에signifié를 구분하기도 했다. 예컨대 시니피앙으로서 영어 단어 'cat'은 시니피에로 어떤 고양잇과 동물을 가리킨다. 소리나 문자로 표현되는 단어의 형태와, 그 단어가 뜻하는 내용 사이에는 자의적 관계만이 있는 듯하다. 영어와 아무런 관계도 없는 언어는 완전히 다른 소리를 갖는 단어로 '고양이'를 가리키기 때문이다. 촘스키는 이런 문제를 흥미 없고 사소하게 생각했지만, 현대 프랑스 철학자들은 이 관계를 무척 중요하게 여겼다. 촘스키에 따르면, 오래전에 아리스토텔레스는 언어는 소리와 의미의 자의적 관계로 이루어진다고 지적했다.

그러나 20세기 초에는 프라하학파가 언어학계에서 주된 세력을 형성했다. 프라하학파는 음운론을 집중적으로 연구했다. 프라하학파의 창시자 중 하나인 로만 야콥슨(Roman Jakobson, 1898~1982)은 1951년 하버드 대학교에서 촘스키를 처음 만난 후 절친한 친구가 됐다.[5] 언어학은 신생 학문답게 그 후로 다른 방향을 띠었다. 언어학은 언어 논리 혹은 논리 언어로 수학 원리를 제시한 러셀을 통해 논리적 실증주의의 방향으로 전개되기도 했지만, 미국 언어학은 프란츠 보아스(Franz Boas, 1858~1942), 에드워드 사피어(Edward Sapir, 1884~1939), 벤저민 워프(Benjamin Whorf, 1897~1941) 등을 통해 인류학에서 많은 영향을 받았다. 특히, 다른 언어는 다른 세계관을 만들어낸다는 사피어-워프의 가설은 오늘날까지도 통용된다.

그런데 1950년대와 1960년대의 야콥슨 언어학에 영향을 받은 프랑스의 인류학자 레비 스트로스(Lévi-Strauss, 1908년 생)가 유럽의 구조 언어학에 엄청난 영향을 끼치면서 언어학은 과거로 회귀하는 경향을 띠기도 했다.[6] 푸코는 사회를 통합시키는 매개체, 예컨대 혈족 관계로서 '구조'를 강조했다. 그런 언어는 안정된 구조를 띠어 건물의 구조와 비교된다.

따라서 언어학의 과제는 세계에 존재하는 언어들의 다양한 구조를 기술하는 것이었다.[7] 이런 이론은 심리학과 접목되면서 확장됐다. 언어의 구조는 학습된 행동으로 여겨졌다. 행동으로서 언어를 주창한 대표적인 인물이 미국의 스키너(Skinner, 1904~1990)다.[8] 촘스키는 1959년 스키너의《언어 행동 Verbal Behavior》을 다룬 글에서 언어의 행동이론을 부정했다.[9]

# 우연히 들어선 길

그런데 촘스키는 어떻게 언어학자가 됐을까? 언어학자가 되겠다고 계획했다기보다는 우연의 일치였다는 의견이 지배적이다.[10] 첫째로 저명한 헤브라이어 학자였던 아버지의 영향을 꼽을 수 있다. 돌이켜보면 촘스키는 언어에 학문적 관심을 기울인 아버지에게서 적잖은 영향을 받았을 것이다. 비록 아버지 윌리엄 촘스키가 헤브라이어 문법을 쓴 뛰어난 언어교사였더라도, 언어 교사와 언어 학습자가 지향하는 목표는 언어학자와 다르다. 언어학자는 언어 자체를 연구하는 사람이다. 그러나 촘스키는 헤브라이어의 중세 문법과 역사를 학문적으로 연구한 아버지 덕분에 어린 시절부터 문법이란 개념에 익숙해 있었다. 불과 열두 살 때 13세기 헤브라이어 문법을 다룬 아버지의 초고를 읽었고, 대학생 시절 헤브라이어를 가르칠 때 아버지가 쓴 《초등학생에게 헤브라이어를 어떻게 가르칠 것인가》(1946)를 십중팔구 교재로 썼을 것이다. 영어와 제2의 언어로 헤브라이어를 쓰면서 성장한 촘스키는 대학에서 고전 아랍어와 프랑스어와 독일어도 기초적인 수준까지 배웠다. 하지만 이처럼 다양한 언어를 배웠다고 해서 그가 운명적으로 언어학자가 된 것은 아니었다.

특별한 계획도 없이 펜실베이니아 대학에 입학했고, 아버지의 학교에서 헤브라이어를 가르치며 학비를 충당한 까닭에 촘스키는 거의 낙제할 뻔하기도 했다. 그가 언어학에 관한 초기 저작들에서 인정했듯이, 촘스키가 언어학에 관심을 갖게 된 결정적인 계기는 1947년 대학과는 아무런 관계도 없는 한 정치 모임에서 젤리그 해리스를 만나면서였다. 공교롭게도 해리스 교수는 미국 대학교에 최초로 언어학과를 개설한 유명한 학자였다. 그러나 촘스키가 그런 명성에 사로잡혀, 해리스를 두 번쯤 만나고 나서 언어학을 공부하겠다고 결심한 것은 아니었다. 첫 만남에서 해리스는 그의 정치철학으로 촘스키에게 깊은 인상을 주었다. 촘스키가 당시에 취하던 입장과 거의 비슷했기 때문이다. 촘스키는 거의 방치하고 있던 학문 연구에 대한 해리스의 충고에도 귀를 기울였다.

해리스는 촘스키에게 수학과 철학을 공부하라고 권했고, 내친 김에 그의 언어학 강의실에도 들러보라고 말했다. 촘스키는 해리스의 충고를 받아들였다.

해리스와 함께 만난 모임에는 몇몇 대학원생도 있었다. 이들은 선술집이나 해리스의 아파트에서 맥주를 마시면서 학문적 토론을 벌였다. 격식이라곤 없었지만, 학생들은 학위를 얻는 데 필요한 학점을 받았다. 지금도 그렇지만 당시에도 그처럼 자유로운 분위기에서 공부하고 학습하는 경우는 드물었다. 많은 학생이 일찍부터 공립학교의 제도화된 속박에 길들여진 탓에 자유로운 분위기에 제대로 적응하지 못했다. 물론, 격식을 벗어난 듀이식 교육을 받은 촘스키에게는 그런 학습법이 반갑게만 여겨졌다.

마침내 촘스키는 해리스의 언어학에 빠져들었다. 해리스가 1947년에 쓴 《구조주의 언어학의 방법론*Methods in Structural Linguistics*》(1951)의 초고를 읽은 후 촘스키는 언어학에 완전히 매료됐다. 해리스는 이 책의 서문에서 교정을 봐준 촘스키에게 감사의 뜻을 전했다.[11] 이때만 하더라도 촘스키는 해리스의 이론을 따른 절차 분석procedural analysis이 언어학의 전부라고 당연히 생각했다. 실제로 당시에 기본적인 이론은 이미 완성됐고 방법론을 가능한 한 많은 언어에 적용해

보는 것만이 남았다고 생각하던 터였다. 문장과 문장을 구성하는 단위들에 대한 이론에 관해서는 더는 언급할 것이 없다는 가정에, 해리스의 강의도 방법론을 긴 담론에 확대, 적용하는 수준을 넘지 않았다.

# 취미로 시작한 생성문법

1948년 촘스키가 학위 논문으로 쓸 주제를 찾고 있을 때 해리스는 촘스키에게 헤브라이어를 연구해보라고 권했다. 촘스키는 이스라엘 출신의 자료 제공자를 찾아내서 방법론적 절차를 따라 자료를 확보한 후에 해리스의 방법을 적용하기 시작했다.

이때가 촘스키로서는 혁명의 시발점이 됐다. 촘스키가 해리스의 방법론에 의문을 품기 시작했기 때문이다. 촘스키는 헤브라이어를 알고 있어서, 논문에서 제기하려는 의문들의 답을 이미 알고 있었다. 따라서 구태여 이스라엘 출신의 자료 제공자에게 물어볼 필요가 없었다. 게다가 해리스의 방법론은 그가 알고 있던 헤브라이어를 완벽하게 재생산해내지 못했다. 예컨대 해리스의 방법론으로는 셈어에서 원모음의 기본 구조를 재생산해낼 수 없었다. 따라서 촘스키는 셈어의 역사를 어느 정도 알고 있었던 까닭에 개인적인 홍밋거리로, 합리적이라 여겨지는 방법을 연구하기 시작했다.

그 결과가 1949년에 초고가 완성된 〈현대 헤브라이어의 형태음소론Morphophonemics of Modern Hebrew〉이다. 형태음소론을 자세히 다룬 논문이었지만 생성통사론의 출현을 미흡하게나마 예고한 논문이었다. 또한 세밀하게 완성한 평가 절차와, "그 평가 절차를 기준으로 할 때 문법은 '상대적 최대값relative maximum' 이다"는 점을 보여주는 노력이 돋보이는 논문이었다. 달리 말하면, 촘스키 생각에 규칙의 적용 순서가 달라지면 평가 절차가 훨씬 복잡해졌다. 촘스키는 규칙의 적용 순서가 심층적 차원에 있었고 30개가량 된다고 생각했다. 이런 생각은 구조주의 언어학의 기본 방향과 달랐다. 그때부터 촘스키는 혼자 연구에 몰두했다. 누구와도 상의하지 않았다. 헨리 회니그스발트Henry Hoenigswald 교수만이 책임감에 그 논문을 보았을 뿐이다. 해리스는 그 논문에 전혀 관심을 보이지 않았다. 그래도 촘스키는 해리스의 방법론을 따라 계속 연구하며, 그 방법론이 올바로 적용되도록 수정하기 위한 시행착오를 거듭했다. 그러나 1953년 촘스키는 모든 것을 잊고, 개인적 취미로 삼던 생성문법generative grammar에 집중하기로 결심했다.

촘스키의 학사 논문은 '구조주의 언어학과 확연히 달랐다.'[12] 이 논문에서 촘스키는 언어 연구에 완전히 새롭게 접근하는 법을 희미하게나마 제시했다. 따라서 언어의 역동을 탐구하기 위한 과제가 결정된 셈이었다. 요컨대 표상의 층위가 어떻게 서로를 변형시키고 생성시키는지, 또 언어를 생성하는 생각을 두뇌가 어떻게 생성하며, 거꾸로 생각을 생성하는 언어를 두뇌가 어떻게 생성하는지를 연구해야만 했다. 또한 그런 식으로 가정된 이론은 언어 습득 과정에 실제로 적용해 검증돼야만 했다. 달리 말하면, 언어학이 언어를 '기술description'하는 수준에서 언어를 '설명explanation'하는 단계로 이동하기 시작했다.

이때 누구도 촘스키의 생각에 동조하지 않았지만 촘스키는 이런 식으로 언어에 접근하면서 '과학적 발견'이란 순전한 기쁨을 만끽했다. 젊은 시절 아인슈타인이 혁명적 생각을 설명했을 때 소수가 고개를 끄덕이며 공감하긴 했지만 실질적으로는 누구도 그의 생각에 담긴 뜻을 완전히 이해하지 못했던 상황에 비교할 수 있을 듯하다. 기존의 평가 기준에서 그의 주장이 잘못된 걸로 판명나면 어떻게 하겠느냐는 질문에

"기존의 잣대가 틀린 것이다"는 아인슈타인의 대답에서 짐작할 수 있듯이, 촘스키나 아인슈타인처럼 자기만족적인 천재는 때때로 인정받지 못한다. 촘스키도 아인슈타인 못지않게 자신의 발견에 자신감을 갖고 있었다. 다른 사람의 동의가 꼭 필요한 것은 아니었지만, 그의 주장에 동조하는 사람이 있다면 반가울 뿐이었다.

촘스키는 자신의 연구에 흠뻑 빠진 채 펜실베이니아 대학교 대학원에 진학했고, 1951년에 학사 학위 논문을 수정한 논문으로 석사 학위를 받았다. 촘스키는 순전히 자기만의 즐거움을 찾아 연구에 몰두했다. 해리스는 자기 나름의 관심사가 있었고, 촘스키가 아는 한 이런 문제를 두고 이러쿵저러쿵 간섭하는 사람이 아니었다. 둘은 상당히 가까운 사이였지만, 지적인 관심사는 달랐다.

# 철학에 빠져들다

이 시기에 촘스키는 철학에도 깊이 빠져들었다. 그때부터 그는 언어학자와 철학자라는 이중적 신분을 갖게 된다. 그에게 가장 큰 영향을 미친 철학자는 넬슨 굿먼(Nelson Goodman, 1906~1998)이었다. 굿먼은 처음엔 촘스키의 스승이었지만 나중에는 좋은 친구가 됐다. 촘스키는 1951년에 하버드의 연구원으로 가서 철학자 콰인(Willard Van Orman Quine, 1908~2000)과 함께 연구했지만, 훗날 콰인의 이론을 공격했다. 굿먼과 콰인 이외에 촘스키에게 개인적으로 큰 영향을 미친 철학자는 옥스퍼드 대학교의 철학과 교수 존 오스틴(John Austin, 1911~1960)이었다. 오스틴이 하버드를 자주 방문해서 잘 알게 됐다. 굿먼과 콰인을 통해 촘스키는 철학자 카르나프(Rudolf Carnap, 1891~1970)와 러셀, 프레게(Gottlob Frege, 1848~1925)와 초기의 비트겐슈타인(Ludwig Wittgenstein, 1889~1951)까지 알게 됐다. 따라서 촘스키가 1953년에 첫 학술 논문을 언어학 저널이 아니라, 논리적 실증주의의 대명사 격이던 《기호논리학 저널Journal of Symbolic Logic》에 발표한 건 당연한 듯하다. 그의 논문 〈통사분석 체계Systems of Syntactic Analysis〉는 학문의 경계를 넘나드는 폭넓은 연구를 향한 디딤돌이었다.

첫 논문이 큰 호응을 얻고, 그때까지의 특이한 경력에도 촘스키는 학계나 그와 관련된 분야로 진출할 가능성이 거의 없는 듯 보였다. 그러나 철학 선생이던 넬슨 굿먼이 촘스키에게 용기를 북돋워주며 하버드 대학교의 연구원에 지원해보라고 독려했다. 일반적으로 박사 학위로 이어지는, 우수한 연구가 기대되는 유망한 대학원생을 지원하는 장학제도였다. 결국 촘스키는 연구원으로 선발됐고, 제공된 장학금은 먹고 살기에 충분했다. 당시 선발된 연구원으로는 모리스 할레Morris Halle와 에릭 레네버그(Eric Lenneberg, 1921~1975)가 있었다. 할레는 훗날 언어학 분야에서 가장 위대한 저작인 《영어의 음성체계The Sound Pattern of English》(1968)를 출간했고, 레네버그는 나치 독일을 탈출한 심리학자로 훗날 하버드 의학대학원에서 심리학을 가르쳤다.

레네버그는 언어에도 특별한 관심을 기울였고, 언어 습득을 인지심리학의 일부로 보았다. 그는 그 시기에 이미 "뇌에 선천적인 언어 습득 능력이 있다"고 주장한 과학자 중 하나였다. 촘스키는 2004년의 한 강연장에서 레네버그를 다음과 같이 회고했다.

> 생물언어학적 관점biolinguistic perspective은 2차대전 직후 미국에 알려지기 시작한 동물행동학ethology을 비롯해, 생물학과 수학의 발전에 크게 영향을 받은 일부 하버드 대학원생들의 토론에서 이미 반세기 전에 요즘의 형태를 갖추기 시작했다. 그 대학원생 중 하나가 에릭 레네버그였다. 그가 1967년에 발표한 독창적인 저작 《언어의 생물학적 근거Biological Foundations of Language》는 지금도 이 분야의 필독서로 여겨진다.[13]

이런 접근법은 당시에 유행하던 이론, 즉 행동주의behaviorism와 확연히 달랐다. 이런 접근법에 영향을 받아 촘스키는 1959년 스키너의 《언어 행동Verbal Behavior》(1957)을 다룬 유명한 평론을 썼고, 그 글에서 언어가 학습되는 행동이란 이론을 여지없이 무너뜨렸다.

촘스키는 1953년 유럽을 여행하고 이스라엘에 잠시 머물다 하버드로 돌아와 다시 연구를 시작했다. 연구원 장학금도 55년까지 연장됐다. 많은 생각을 기록한 공책들은 쌓여갔지만 미래에 어떤 일이 닥칠지는 전혀 예측할 수 없었다. 유일하게 확실한 것은 징집이었다. 55년 4월 영장을 받았다. 촘스키는 새뮤얼 휴즈Samuel Hughes와 한 인터뷰에서 그때를 이렇게 회상했다.

> 1등급이었다. 곧바로 징집될 예정이었다. 나는 6월 중순까지 6주간 징집을 연기해보려 했고, 박사 과정에 지원했다. 당시 여전히 펜실베이니아 대학에 있던 해리스와 굿먼에게 재등록을 할 수 있는지도 물었다. 4년 동안이나 나는 펜실베이니아 대학교에 등록하지 않았기 때문이다. 그리고 학위 논문으로 연구 중이던 과제의 한 장章을 제출했다. 그들은 내게 우편물로 몇 가지 질문을 했다. 나는 부적절하게 답을 써 보냈다. 그게 내게는 시험이었는데…. 여하튼 나는 6주간의 징집 연기를 받았고, 박사 학위를 받았다.[14]

박사 학위를 취득하면서 촘스키는 군복무에서 면제받았다. 전 세계 어디에서나 군국주의자들이 지식인 계급에게는 군복무를 면제시켜준다는 사실은 역사적 아이러니가 아닐 수 없다. 물론 학자들은 군수산업체로부터 지원을 받고 지휘도 받는다. 실제로 촘스키가 전자공학연구소 실험실에서 행한 첫 연구도 미국의 세 군수산업체에서 연구비를 지원받았다. 당시 MIT에서 진행된 대부분의 연구가 그런 실정이었다.

# 뒤흔들린 언어학계

그런데 촘스키는 어떻게 그처럼 짧은 시간에 박사 학위 논문을 완성할 수 있었을까? 게다가 절차마저도 관례에서 크게 어긋나 더더욱 궁금하다. 사실 촘스키는 누구에게도 알리지 않고 혼자만의 힘으로 서너 달 전부터, 그가 알고 있는 모든 것을 거의 1000쪽 가깝게 써두었다. 이 기념비적 저작이 1975년에 《언어이론의 논리적 구조 The Logical Structure of Linguistic Theory》라는 제목으로 출간됐다. 촘스키는 그 연구에서 한 장을 취해 박사 학위 논문인 〈변형 분석 Transformational Analysis〉으로 제출했다. 이 논문이 훗날 언어학에 혁명적 변화를 가져온 핵심 개념의 전조였다. 변형 분석이란 구체적으로 말하면, 주로 문장 차원의 언어 층위에서 '심층구조'가 다양한 규칙을 거쳐 '표층구조'로 변형된다는 개념이었다. 가장 단순한 예가 능동구문에서 수동구문으로 '변형'되는 것이다. 영어에서 The cat ate the rat과 같은 능동형 문장은 심층구조적 특징을 많이 갖고 있어, 상대적으로 덜 사용되고, 따라서 유표적인marked 수동형 문장, The rat was eaten by the cat으로 변형될 수 있다. 물론 The cat ate the rat이란 문장도 '표층구조'의 층위에 있지만, 심층구조에서 약간의 변형만으로 도달할 수 있는 표층구조다. 심층구조는 구절구조성분phrasal constituent을 이용해 추상적으로 표현될 수 있었다. 따라서 The cat ate the rat과 같은 능동형 문장을 '주어—동사—목적어'로 표현하던 전통적인 방식이 74쪽과 같은 수형도로 다시 표현됐다(여기에서 S = sentence(문장), NP = Noun Phrase(명사구), VP = Verb Phrase(동사구), Det = Determiner(한정사), N = Noun(명사), V = Verb(동사)를 뜻한다).

이런 모델에 내재된 또 하나의 핵심 개념은 이분지binary branching다. 촘스키의 모델이 계속 수정되면서 이분지 개념은 더더욱 중요해진다. 이런 수형도 분석법은 요즘 널리 받아들여져 실제로 응용되며, 언어 교사를 위한 언어학 입문 과정에서도 사용된다. 물론 복문을 표현하면서 복잡한 변형

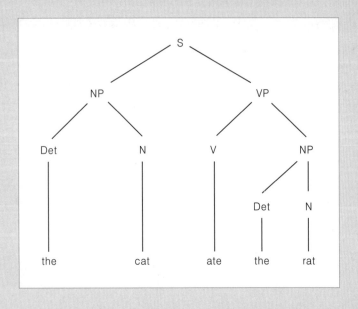

들을 나타내야 할 때는 수형도가 끔찍하게 복잡해진다. 하나의 수형도를 그리는 데도 여러 페이지가 필요할 수 있다. 따라서 촘스키가 일찍부터 즐겨 사용한 대안적 방법은 괄호를 이용해서 문장의 구조적 층위를 나타내는 방법이었다. 기호논리언어와 유사한 방법으로 위의 문장을 표현하면 다음과 같다.

[S [NP[Det the][N cat]][VP[V ate][NP[Det the][N rat]]]]

짐작할 수 있겠지만 이런 분석법은 주로 하나의 문장과 그 문형을 집중적으로 다루었기 때문에 자료량이 엄청나게 많을 수밖에 없었다. 언어학자들은 상충되는 분석의 가능성을 두고 토론을 벌였고, 극히 복잡한 문제를 해결하기 위한 정교한 해결책을 제안하기도 했다. 하지만 그때는 그 긴 과정의 시작에 불과했다. 《언어이론의 논리적 구조》가 하버드 도서관에 마이크로필름으로 소장되자, 곧 그 논문은 내막을 아는 소수의 사람에게 일종의 지하 고전이 됐다. 실제로 촘스키의 많은 저작이 처음에는 원고 형태로 공개되었다가 한참 후에야 출간됐다. 하지만 내부자들은 출간되지 않은 원고에 접근할 수 있어, 출판을 기다려야 하는 학자들에 비해 훨씬 앞서 갈 수 있었다. MIT와 몇몇 선택된 학교에서 촘스키를 중심으로 한 내부자 집단은 전설이 됐고, 그런 현상이 간혹 외부자들에게 반감을 불러일으켰다.

1955년에 그런 내부자 집단은 지극히 소수였다. 주로 소수의 대학원생으로 이루어졌다. 초기부터 촘스키 이론에 관심을 가진 선배 교수로는 조지 밀러George Miller가 있었다. 조지 밀러는 인지심리학의 창시자로 당시 하버드 교수였다. 어쩌면 밀러는 《언어이론의 논리적 구조》를 실제로 읽은 유일한 교수였으리라. 그 후 밀러와 촘스키는 공동 연구를 시작했고, 수리언어학에 관한 전문적인 논문을 함께 발표하기도 했다. 57년 밀러는 스탠퍼드 대학교에서 여름 학기를 가르칠 때 촘스키를 캘리포니아로 초대했다. 촘스키 부부는 첫아이를 데리고 갔다. 촘스키 가족은 그들이 아니었으면 텅 비었을 학생회관에서 조지 밀러 부부와 그들의 두 아이와 함께 여름을 보냈다. 학계에서는 거의 알려지지 않은 얘기다.

# 스키너, 콰인을 비판하다

촘스키의 언어학을 이해해준 또 한 사람이 동료 모리스 할레였다. 당시 할레는 MIT 전자공학연구소 연구원이었지만, 로만 야콥슨의 지도를 받으며 연구를 더 하기 위해 하버드에 있었다. 이런 삼각관계 덕분에 야콥슨의 주선으로 촘스키는 MIT에서 연구직을 제안받았다. 전자공학연구소에서 기계 번역 프로젝트를 담당하는 조교수로 임용되었다. 천성적으로 남 앞에 나서기를 꺼리는 촘스키였지만 이때는 "나는 전자공학을 잘 알지도 못하고, 그와 관련된 자격증도 없다"고 말했다.[15] 심지어 그 프로젝트 책임자에게 "이 프로젝트는 어떤 지적인 이득도 없고 무의미한 일이다"고 말하기도 했다. 테크놀로지에서 많은 부분이 야만적 힘에 불과하다고 생각했

모리스 할레(왼쪽)와 촘스키(1955).

기 때문이다. 촘스키는 테크놀로지를 경멸했는데, 컴퓨터와
컴퓨터 언어학에 관해서는 인간이 작성한 프로그램에 의해
지시되지 않는 한 컴퓨터는 아무것도 할 수 없다고 지적했
다. 그러나 컴퓨터를 응용하는 분야에서는 약간의 장점이 있
다고 인정하며 그 분야에 비판적 관심을 유지해왔다. 1950년
대 말과 1960년대 초에 촘스키가 작업했던 일이 오토마타
automata 이론에 기여했는데, 컴퓨터 과학계에서는 잘 알려
진 사실이다. 수년 전 촘스키가 벤저민 프랭클린 상을 받는
이유도 비슷하다. 그의 장기인 이론적 연구로 테크놀로지에

기여했기 때문이다.

한편 촘스키 언어학에서 사용되는 이분지 모델은 컴퓨터의 2진법 처리 언어와 딱 맞아떨어진다. 2005년 촘스키는 MIT에서 열린 컴퓨터 언어학 세미나에 참석했다. 그 자리에서 어느 연구자가 〈컴퓨터를 이용한 언어이론의 모델화: 지배·결속이론에서 최소주의 이론까지〉란 논문을 발표했다. 뒤에서 다시 보겠지만, 지배·결속과 최소주의는 촘스키의 언어이론을 가리킨다. 1994년 언어학자 다우어티Ray C. Dougherty가 발표한 〈자연언어의 컴퓨터화Natural Language Computing〉에서도 촘스키의 영향이 읽힌다. 다우어티는 이 책에 '프롤로그에서 영어의 생성문법'이란 부제를 덧붙였고, 서문에서는 "이 책의 주된 목표는 노엄 촘스키의 언어학 이론을 사용해서 문법화 과정을 (…) 컴퓨터로 어떻게 표현할 수 있는가를 독자에게 보여주는 데 있다"고 밝혔다.[16] 이런 발전에 대해 컴퓨터 언어학과 요즘 널리 쓰이는 기계 번역 프로그램들은 촘스키에 경의를 표하지만, 정작 촘스키 자신은 이 부분에 여전히 회의적이다.

촘스키는 스물일곱 살에 응용과학의 요람인 MIT에 자리를 잡는다. 하지만 그는 응용과학에 전혀 관심이 없었다. 그래서 MIT에 적을 둔 목적을 어디에 두어야 하는가라는 현실적인 문제에 직면했다. 그는 자신에게 허락된 시간의 절반을 강의에 할애해야 했기 때문에 그의 존재가 전혀 무의미한 것은 아니었다. 처음에는 박사 과정 학생들에게 언어 자격 요건인 프랑스어와 독일어 시험에 대비하도록 지도했다. 훗날 언어자격시험 자체가 없어졌듯이, 언어를 가르치는 일에는 대단한 지적 능력이 필요하지 않았다. 하지만 촘스키에게는 또 한 번의 행운이 뒤따랐다. MIT 강의 목록에 언어와 철학에 대한 강좌가 개설돼 있었다. 그러나 적당한 강사를 구하지 못해 이 강좌는 거의 죽은 상태였다. 촘스키는 뒤로 돌아보지 않고 이 강좌를 떠맡았다.

촘스키는 자기 나름으로 철학과 언어학을 결합해 강의하며, 상당한 분량의 원고와 독창적 강의 노트를 쌓아갔고, 그 자료들은 훗날 엄청난 양의 출판물을 쏟아내는 기반이 됐다. 그가 1957년에 발표한 첫 책 《통어론적 구조 *Syntactic Structures*》도 공학과 수학, 과학을 전공하는 MIT 학부생들을 위해 준비한 강의 노트에서 탄생했다. 책의 앞부분에서 마르코프 자료와 유한 오토마타 finite automata를 다루며 이 둘이 유효하지 않은 이유를 증명하는 데 많이 할애하고 있다. 이 책을 출간한 네덜란드 출판사 머튼 Mouton은 이후로 언어학을 대표하는 출판사가 됐다. 《통어론적 구조》는 상업적인 면에서는 곧바로 성공을 거두지 못했지만 머지않아 현대언어학의 고전으로 스테디셀러가 됐다. 언어학자라는 자부심을 가진 학자라면 누구나 그 책을 읽지는 않아도, 또 이해하지 못해도 책꽂이에 꽂아둬야 할 정도였다.

언어학에 관한 촘스키의 모든 저작과 마찬가지로 《통어론적 구조》에서도 복잡하고 전문적인 부분은 읽어내고 이해하기가 상당히 어렵다. 촘스키가 독자의 편이성을 조금도 고려하지 않았기 때문이다. "x는 y + 1과 같다고 해보자"며 무척 간단해보이는 공리적 진술로 시작하지만 이 간단한 진술에 논리적인 의미가 거의 무궁무진하게 담겨 있다. 따라서 촘스키가 제시하는 생각을 따라가려면 앞에 쓰인 구절들을 확인하고 또 확인해야 한다. 새로운 자료를 해석하기 위해서 필요하면 언제라도 공리를 주저 없이 수정하는 것도 촘스키 비판자들에게는 못마땅한 점이다. 하지만 자연과학에서는 이런 방법론이 당연하게 여겨지기 때문에 촘스키는 그런 비판을 지금도 의아해할 뿐이다.

언어학자들이 《통어론적 구조》에 제시된 새로운 개념들과 씨름하는 동안, 촘스키는 1959년 〈스키너의 《언어 행동》에 대한 고찰〉을 언어학 학회지 《언어Language》에 발표해 학계를 놀라게 했다. 앞에서도 언급했듯이, 언어를 학습되는 행동으로 해석한 스키너의 모델을 촘스키는 호되게 비판했다. 애초부터 촘스키는 행동주의가 홍보산업과 프로파간다와는 거의 완벽하게 맞아떨어질지 몰라도 전반적으로는 애매하기 그지없는 이론이라 생각했다. 그러나 스키너의 명성에 손상을 입힐 의도는 전혀 없었다. 다만 행동주의가 철학과 언어학에서는 물론이고 전반적인 학문 분야에서 득세하는 걸 막아보려는 의도였다. 따라서 이 평론은 스키너와 더불어 하버드를 대표하던 철학자 콰인을 향한 공격이기도 했다. 콰인은 자신의 자연철학적 모델에 행동주의를 받아들이며, 과학적 경험주의를 자랑스레 내세웠다. 그러나 촘스키는 자극-반응-강화-동기 부여로 이루어지는 행동주의의 이론적 틀이 언어학에서나 일반 과학에서 추론적 의미는 물론이고 경험적 의미도 갖지 못한다는 걸 증명했다. 이런 전격적인 부정은 학계에 커다란 논란을 불러일으켰다. 오랜 시간이 지난 후 언론은, 스키너가 1971년에 발표한 《자유와 존엄을 넘어 Beyond Freedom and Dignity》를 평가할 때 촘스키 주장을 거론하면서 논란의 불씨를 되살려냈다.

촘스키가 콰인의 철학을 주된 공격 목표로 삼았다는 증거는 당시 촘스키가 꾸며낸 유명한 문장 — "색깔 없는 초록색 생각이 광란하며 잠잔다Colorless green ideas sleep furiously" —

촘스키 너머로 "색깔 없는 초록색 생각이 광란하며 잠잔다"는 문장이 보인다.

를 둘러싼 이상한 얘기에서도 찾을 수 있을 듯하다. 1959년 MIT 강의실 칠판 앞에서 찍은 촘스키 사진에서도 그 문장이 눈에 띈다. 따라서 그 문장이 뭔가를 증명하려 했던 거라면 무엇을 증명하려 했던 것일까에 대한 추측이 난무했다. 촘스키는 선禪과 거리가 멀었지만, 선문답 같은 그 문장 때문에 촘스키의 서정성을 부각하려는 시도까지 있었다. 미국 시인 존 홀랜더John Hollander는 〈꼬인 알리자린Coiled Alizarine〉이란 시에 이 문장을 삽입해 촘스키에게 헌정했고, 길버트

하먼Gilbert Harman이 1974년에 편집한《노엄 촘스키에 대하여, 비판적 시론On Noam Chomsky, Critical Essays》이란 책은 홀랜더의 시에서 그 문장을 포함한 석 줄을 인용했다. 이 책이 '현대철학 연구'라는 시리즈에 속했다는 사실은 촘스키가 당시에 철학에도 큰 영향을 미쳤다는 증거가 아닐 수 없다. 실제로 이 책은 서문에서 "촘스키의 언어이론만큼 현대철학에 영향을 미친 이론은 없다"고 밝히고 있다.[17]

이상하게 들리겠지만,《노엄 촘스키에 대하여, 비판적 시론》의 주된 목적은 촘스키의 영향을 차단하는 데 있었다. 그렇기 때문에 촘스키가 1968년에 쓴 논문〈콰인의 경험론적 가정Quine's Empirical Assumption〉에 대한 두 번째 응답으로 콰인이 1972년에 쓴 논문〈최신 언어학 이론에 대한 방법론적 고찰Methodological Reflections on Current Linguistic Theory〉이 다시 실렸다. 촘스키 논문에 따르면, 콰인이 행동주의를 경험론적 철학의 일부로 받아들이기 때문에 스키너보다 더 큰 문젯거리였다. 콰인은 언어와 의미가 행동적 차원에서 가장 명확하게 연구된다고 주장했다. 그런 식의 분석은 명백히 언어 행위의 산물이므로, 언어가 언어를 연구하는 모순이 빚어진다. 따라서 두 분석이 있을 때 두 분석 모두 겉으로 표현된 언어 행동을 설명한다면 어느 분석이 진실에 더 가깝다고 결정할 방법이 없다. 콰인은 우리가 무한수의 문장을 만들어낼 수 있는 선천적 언어 체계를 추론해낼 수 있다는 촘스키의 입장을 무모하고, 심지어 허무주의적이라 비판했다. 게다가 어휘를 추상화해 어휘가 일부를 이루는 추상적 구조를 설정하는 짓은 무의미하다고 비판하기도 했다. 예컨대 일반적인 문장(S)이 명사구(NP)와 동사구(VP)로 이루어진다는 촘스키의 주장은 언어 행동을 기술하기 위한 시도로서는 흥미롭지만, 언어 행동을 보편적이고 심층적인 원리로 설명해주지 못한다는 것이었다.

또 콰인의 주장에 따르면, 행동으로 관찰 가능한 언어의 모든 요소는 새로운 의미층을 더하지 않고는 추상화될 수도, 분리될 수도 없는 의미를 가지며, 그 의미를 전달한다. 콰인의 생각에는 문법이라고 다를 바가 없었다. 모든 문장, 즉 모든 표현은 문법적 요소를 가지며, 그 문법적 요소가 단어로 이루어진 문장의 구성요소들에 의미를 더해준다. 바로 여기에서 촘스키의 유명한 문장 '색깔 없는 초록색 생각이 광란하며 잠잔다'는 콰인의 오류, 즉 문장은 문법적으로 틀린데가 없지만, 또 문장을 구성하는 모든 단어가 개별적인 의미를 갖지만 문장 전체는 무의미할 수 있다는 오류를 정확하게 지적한다. 따라서 촘스키는 문법적인 문장이 무엇인가에 대한 전통적인 가정들을 반박하려고 그런 문장을 만들어낸 것이다. 전통적인 가정에서 문법적인 문장은 (1)의미 있는 문장(콰인), (2)문법적 틀에 내용어가 삽입된 문장(구조주의 언어학자와 카르나프), (3)통계적으로 영어 텍스트에 가장 가까운 단어들의 연쇄(당시 심리학자와 공학자가 받아들인 정의)였다. 증명 끝!

# 경험주의를 옹호하다

촘스키와 콰인의 논쟁은 곧 경험주의와 합리주의의 충돌이라 할 수 있다. 콰인은 경험주의를 지나치게 좁게 해석해서, 촘스키의 표현을 빌면 자연과학의 '진침로(眞針路, true course)'였던 것을 부정한다. 달리 말하면, 반드시 경험적 검증을 거쳐야 할 필요가 없는 합리적 추상물로 자연현상을 설명하려는 시도를 콰인은 부정했다. 뉴턴이 중력을 발견한 예가 대표적인 경우다. 중력은 우주의 운동을 훌륭하게 설명해준다. 그러나 뉴턴이나 그 이후의 어떤 학자도 중력이 정확히 무엇인지 경험론적으로 설명하지 못했다. 물론 언젠가는 중력이 경험론적으로 설명될지도 모른다. 그때까지 중력에 대한 뉴턴의 '생각'을 과학적 노력의 쓰레기더미에 던져

버릴 수는 없는 노릇이다. 콰인을 비롯한 경험주의자들은 촘스키를 비롯한 합리주의자들을 모든 진지한 학문과 철학의 쓰레기더미에 던져버리고 싶겠지만 그럴 수는 없다. 촘스키와 콰인의 논쟁은 비웃고 빈정대는 지경까지는 아니지만 간혹 재밌게도 느껴진다. 경험론자들이 근거 없는 주장을 일삼는다는 점을 증명할 때 특히 그렇다. 예컨대 생각과 언어가 두뇌에서 어떻게 나오는가에 대해 경험론적으로 정확히 모르기 때문에 우리는 '생각'과 '언어'는 물론이고 '두뇌'를 머릿속에 떠올리지도 말고 지내야만 한다! 촘스키가 그랬듯이 한 걸음 더 나아가, 행동주의와 같은 경험주의를 '무뇌증'적 이론이라 위험하기 짝이 없다고 주장할 수도 있다. 촘스키는 "행동주의는 과학인가?"라고 단도직입적으로 물으며 다음과 같이 덧붙였다.

아니다, 행동주의는 사기다. 그런데 왜 행동주의에 관심을 가질까? 십중팔구 행동주의를 빌미로, 강제수용소 경비원에게 본능이 시키는 대로 할 수 있지만 그렇게 행동하면서도 과학자인 체할 수 있다고 유혹할 수 있기 때문이 아닐까 싶다. 과학이 좋거나 중립적이기 때문에, 여하튼 과학이 나쁜 것은 아니기 때문에 경비원의 행동을 좋

게 보이게 하니까.[18]

촘스키는 콰인의 경험론적 가정에서는 18세기 스코틀랜드 철학자 데이비드 흄David Hume의 극단적 경험주의 냄새가 물씬 풍긴다고도 주장했다. 러셀은 흄의 철학을 "그는 로크와 버클리의 경험철학을 논리적 극단까지 몰아갔고, 경험철학을 모순이 없도록 가다듬었지만 오히려 그로 인해 경험철학의 신뢰성을 떨어뜨렸다"고 평가했다.[19] 그러나 촘스키는 여러 면에서 흄을 가장 위대한 철학자로 평가했다. 특히, 우리가 정신 구조를 올바로 이해하려면 '동물적 본능animal instinct'과 유사한 원칙을 세워야 한다는 흄의 주장은 촘스키의 생물언어학적 관점을 뒷받침해준다. 이런 다양함이 촘스키의 전형적인 모습이다. 촘스키는 철학과 과학이론을 평가할 때 무척 까다로워, 부분적으로 옳다면 이론 전부를 부정할 필요는 없다고 생각한다.

이렇게 촘스키는 우리 시대의 중요한 철학적 논쟁의 하나에 끼어들어, 합리주의를 적극적으로 옹호하며 콰인을 비롯한 경험주의자들을 비판했다. 또한 언어가 철학에서 중심 역할을 줄곧 해왔기 때문에 촘스키는 자신의 입장을 방어해야 할 때 한 치도 물러서지 않았다. 예컨대 촘스키는 "같은 언어를 사용하는 화자는 필연적으로 서로 닮기 마련이라며 그 이유를 언어 행동의 성향들로 이루어진 복합체에서 찾고, 그 복합체를 '언어language'라 지칭한 것은 크게 잘못된 듯하다"며 콰인을 공격했다.[20]

앞에서도 언급했듯이, 촘스키가 과학으로서 언어학과 철학에서 논쟁을 마다하지 않았던 쟁점은 "언어학 이론이 심리적 실재를 가져야 하느냐?"는 문제였다. 이 문제는 경험주의적 냄새를 풍기지만 합리주의적 관점에서도 충분히 제기될 수 있는 듯하다. 특히, 음소의 실재성과 관련해서 언어학자들 사이에서 자주 제기됐다. 음소는 한 언어의 추상적 소리 단위다. 달리 말하면, 음소 자체로 구성된 단어의 의미에 영향을 미치는 소리 단위다. 음소에 대한 이런 논쟁을 확대하면, 문법은 부분적으로나 전체적으로 심리 테스트에서 혹은 심리학이 사용하는 과학적 도구에서 나타날 수 있느냐, 심지어 반드시 나타나야만 하느냐는 의문으로 발전할 수 있다. 하지만 촘스키는 이런 의문의 제기를 부적절하고 무의미하다고 생각했다. 그 이유로는 무엇보다 언어학이 심리학의 일부라면, 그런 의문은 프로이트 심리학에서 이드와 자아와 초자아가 심리적으로 실재하느냐고 묻는 것과 다를 바가 없기 때문이다. 또한 행동주의에서 자극과 반응이 심리적으로 실재하느냐를 묻는 것이기도 했다. 언어학과 문법이 심리학의 일부가 아니어도 그런 의문의 제기는 적합하지 못했다. 따라서 촘스키는 "화학 공식이 심리적 실재를 가져야만 하는가? 화학 공식이 화학적 실체를 가져야만 하는가?"라고 반문하며 핵심을 찔렀다.[21]

1960년대에 들면서 촘스키는 한층 정교하고 전문적인 논문을 연이어 발표했다. 일반 독자는 촘스키 논문의 과학적 치밀함이 혼란스럽게 여겨지겠지만 촘스키의 이론을 꾸준히 좇아가는 충성스러운 추종 세력도 있었다. 그들은 촘스키와 편하게 얘기를 나누고, 그 후로 '표준이론Standard Theory'으로 알려진 이론의 기초가 된 생각들을 허심탄회하게 논의했다. 이런 연구 과정에는 심지어 학부생들도 적극적으로 참여할 수 있었다. MIT 언어학과 주변은 그야말로 학문 노동자들의 자유지대가 됐고, 거기에서 계급과 지위는 중요하지 않았다. 대학원생들과 신임 교수들이 새로운 생각을 앞장서서 더해가며 표준이론을 수정해갔다. 이런 협력의 결실이 1965년에 발간된 《통어이론의 제상Aspects of the Theory of Syntax》이었다.[22] 그 후 촘스키와 그의 지지자들이 꾸준히 정진해서 많은 이론을 정립하긴 했지만 이 책은 지금도 언어학계에서 가장 훌륭한 저작으로 손꼽힌다. 서문에서 촘스키는 빌헬름 폰 훔볼트Wilhelm von Humboldt와 파니니 등과 같은 앞 세대 선배들에게 경의를 표하며, 그들 덕분에 생성문법을 탄생시킬 수 있었다고 말했다.

촘스키는 이 책 3장에서 심층구조와 문법적 변형을 다루었다.[23] 예를 들어, 다음과 같은 표층구조의 문장이 심층구조에서 어떤 변형을 거쳐 생성되는지 설명해보자.

> The man who persuaded John to he examined by a
> specialist was fired

위의 문장에는 종속절이 둘이나 있기 때문에 3개의 기저구조, 즉 심층구조에서 시작된다. 세 심층구조에 두 번의 수동변형을 비롯해 여러 변형을 적용해 표층구조의 문장을 조합해낼 수 있다. 세 심층구조를 개략적으로 표현해보면 다음과 같다. 여기에서 대괄호 속의 요소는 문법적 기능을 가리키는 문법소다.

(1) [o][past] fire the [s'] man by [passive]

(2) the man [past] persuade John of [o][s']

(3) a specialist [nom] examine John by [passive]

먼저, (1)에서 [o]를 눈여겨보자. [o]은 생략되거나 탈락된 주체, 즉 그 남자를 해고한 '어떤 사람'을 가리킨다. 물론 수동구문에서 그 남자는 '어떤 사람'에 의해 해고당했다. 이런 공범주, 즉 흔적trace으로 남겨진 요소는 심층구조에서 중요한 역할을 한다. [s']가 종속절을 가리킨다는 점도 주목해야 한다.

문장을 생성하는 아주 복잡한 이론을 지극히 간략하게만 보여줬지만 이 정도로도 언어 분석에서 강력한 도구가 탄생했다는 걸 보여주기엔 충분한 듯하다. 표준이론은 문장을 거의 완벽하게 생성해냈지만, 구절구조규칙을 어떻게 결정할 것인가라는 지극히 기술적인 문제에 대한 격렬한 토론이 뒤따랐다. 이때까지도 추종자는 MIT 언어학과라는 좁은 틀을 벗어나지 못했지만, 촘스키 이론을 따르는 추종 세력은 점점 더 많아졌다. 촘스키를 질시하는 기성 학계의 압력이 거셌지만 대세를 막지는 못했다.

이 무렵 촘스키가 오랜 친구이자 동료인 모리스 할레와 공동으로 진행하던 프로젝트도 결실을 맺었다. 그들은 기념비적인 저작을 함께 쓰기 시작해 1968년 마침내《영어의 음성체계 The Sound Pattern of English》를 발표했다. 500여 쪽에 가까운 이 책에서 영어의 소리에 대해 알아야 할 거의 모든 것을 다루었다. 아마존닷컴에 실린 서평 중에서 눈에 띄는 하나를 인용해보자.

> 《영어의 음성체계》는 지금껏 음운론에 대해 쓰인 책 중에서 가장 완전한 저작이다. 영어의 자음과 모음, 강세에 대한 완결판이다. 또한 괄호, 괄호별, 중괄호, 대괄호 등 복잡한 기호까지 다루며 음운론적 규칙을 표기하는 방법에 대해 우리가 알아야 할 모든 것을 다루었다. 촘스키와 할레는 모든 언어에 적용되는 보편적 음성체계인 '변별자질distinctive feature'에 대해서도 빼놓지 않았다. 이런 눈부신 업적을 남긴 두 학자에게 우리는 커다란 빚을 진 셈이다. 《영어의 음성체계》는 촘스키가 음운론을 다룬 마지막 저작이다. 이후 촘스키가 통사론으로 완전히 전환해서 음운론계에는 커다란 손실이 아닐 수 없다.[24]

이 서평은 2001년에 쓰였다. 책이 출간된 지 33년이 지나서였다. 촘스키가 음운론계를 떠난 것에 독자는 무척 안타까워했지만, 엄밀하게 말하면 촘스키는 음운론에서 완전히 손을 떼지는 않았다. 촘스키와 할레는 그 후로 오늘날까지 문법에서 음운 부분에 특별한 관심을 기울여왔다. 특히 촘스키는 문장을 다루면서 음운 형태(Phonological Form, PF)라는 특별한 위치를 잠시도 간과하지 않았다. 더구나 음운 형태로 전환하는 것이 문장의 생성에서 마지막 단계라고 항상 가정했다는 점은 무척 흥미롭다. 음운론과 음성학이 처음이고, 그 후에 형태론과 통사론, 의미론이 뒤따른다고 여겨왔던 전통적인 생각과는 완전히 배치되는 가정이다. 그러나 형태론, 통사론, 의미론과 관련된 모든 규칙이 뇌에 잠재된 언어 능력에서 생성되고, 그 결과가 마지막 단계에서 입을 통해 '발화'되는 문장으로 전환된다고 주장하는 것이 훨씬 이치에 맞는 듯하다. 예컨대 문장에서 잉여적인 부분, 즉 공범주와 '빈' 요소를 음성 형태에서 삭제한다고 가정한다면 그런 요소들과 관련된 문제가 쉽게 해결된다. 또한 우리가 숨을 쉬어야 하듯이 발성기관이 어떤 제약을 가하면서 소리의 흐름을 방해할 것이기 때문에 화용론적 요소가 이 단계에서 개입될 여지도 있다. 반면에 논리 형태(Logical Form, LF)라 일컬어지는 정신적 부문에는 이런 제약이 없다.

1970년 MIT 대학 출판사는 학술지 《언어학 탐구Linguistic Inquiry》를 창간하고, 새뮤얼 제이 케이저Samuel Jay Keyser에게 관리를 맡겼다. 촘스키를 비롯해 이른바 촘스키 사단이 이 잡지의 편집위원회를 장악해, 촘스키 언어학을 널리 알리기 위한 도구에 불과하다는 오해가 있었다. 그러나 시간이 지나면서 《언어학 탐구》는 세계 언어학계에서 가장 권위 있는 학술지가 되었다.

촘스키의 정치적 행동주의가 담긴 자료들은 출간하는 데 어려움이 많았지만, 언어학에 관한 저작들은 학계에서 주목을 받으며 널리 판매되었다. 그러자 많은 학술 관련 출판사가 모처럼 인기 있는 저자를 찾아낸 듯 촘스키가 쓴 글이라면 무엇이든 선점하려 달려들었다. 이런 현상은 언어학에 대한 촘스키의 공개 강연으로까지 확대됐다. 1975년에 공식 출간된 촘스키의 실질적인 첫 저작 《언어이론의 논리적 구조》를 제외하면, 《영어의 음성체계》와 그보다 분량이 약간 적은 《통어이론의 제상》에 필적할 만한 언어학 관련 책은 없을 듯하다. 이때부터 촘스키의 강연과 인터뷰, 강의록과 논문이 곧바로 출판물로 연결되면서, 오테로(C. P. Otero, 촘스키 제자이자 편집자)나 루이지 리치(Luigi Rizzi, MIT에서 언어학과 조교수를 지낸 이탈리아 언어학자)와 같은 제3자가 편찬한 새로운 형태의 책들이 출판되기 시작했다.

이제 촘스키는 언제 어디서라도 3가지 종류의 강연을 했다. 하나는 순전히 언어학적인 강연이었고, 다른 하나는 언어와 철학을 결합시킨 것이었고, 마지막은 정치적 행동주의를 주제로 한 강연이었다. 따라서 촘스키를 인터뷰하는 사람들은 세 주제를 넘나들면서 질문을 던졌고, 그 녹취록이 정리돼 책으로 출간됐다. 그런 책 중 가장 눈에 띄는 것이 1979년에 출간된 《언어와 책무: 미추 로나와의 대화*Language and Responsibility: Based on Interviews with Mitsou Ronat*》였다.

촘스키는 1970년대에 들어 표준이론의 적용 범위를 넓히는 데 지극한 관심을 기울였다. 그 결과 탄생한 것이 '확대 표준이론(Extended Standard Theory, EST)'이고, 당연히 '수정 확대 표준이론(Revised Extended Standard Theory, REST)'이 뒤따랐다. 낯선 약어가 눈에 띄게 증가하기는 했지만, 의미론적 규칙이 적용되는 부문은 심도 있게 다루어졌다. 그 결과로 '심층구조'가 예전처럼 깊지 않고 '얕을' 것이란 주장이 새롭게 제기됐다. 달리 말하면, 문장은 하나의 층위에서만 생성되리라는 새로운 인식이었다. 그 후로도 촘스키의 이론은 거듭 수정되면서, 문장의 구성요소가 이동할 때 흔적을 남기고, 개별적인 구성요소는 중간 범주를 가질 수 있다는 가정이 더해졌다. 특히 중간 범주의 전제는 범주 $X^\circ$보다 계층적으로 위에 존재하는 같은 계열의 범주에 바를 하나씩 더해가는 표기법을 사용해서 핵계층이론X-bar Theory이라 불리게 됐다. 예를 들면, the very fast cat(무척 빠른 고양이)

란 명사구(NP)는 이중 바인 $N^=$이고, very fast cat은 단일 바인 $N^-$가 된다. 물론 cat은 바가 없는 N, $N^0$이다.[25] 문장의 구성단위를 이런 식으로 분석하면서, 분지절점branch node에 새로운 이름을 붙이지 않고도 문장과 구를 다양하게 확장할 수 있었다. 또 어휘 자질의 집합으로 이루어진 어휘 부문을 담당하는 소小문법, 즉 어휘를 선택하는 규칙이 적용되는 문법을 가정한 것도 혁명적 발상이었다. 예컨대 영어에서 동사 bring은 명사구 둘을 선택한다. 하나는 대상(theme, 수동자)으로 쓰인 명사구이고, 다른 하나는 주제(topic, 행위자)로 쓰이는 명사구다. 전통문법에서는 차례로 목적어와 주어로 일컬어졌던 명사구들이다. 수정 확대 표준이론에서는 순서가 뒤집어진 것에 주목해야 한다. 즉, 동사가 먼저 대상(전통문법에서 목적어)을 선택하고, 그 다음에 주제(전통문법에서 주어)를 선택한다. 이런 순서는 언제나 주어로 시작하는 전통문법에서는 애매하게만 처리되던 상식을 되살려낸 듯하다.

혼자 잠시만 생각해봐도 이런 가정은 쉽게 검증될 수 있다. 동사 bring에서 무엇이 가장 먼저 연상되는가? 예컨대 "가져와!"라고 말하면, 십중팔구 "뭘 가져오란 거야?"라는 반응을 보일 것이다. 그게 자연스런 반응이다. 가져올 것이 결정된 후에야 '주어', 즉 "누가 그걸 가져왔지?"라고 묻기 마련이다. 그런데 적어도 영어에서는 "그가 그걸 가져왔어"라는 식으로 문장이 항상 주어로 시작하므로, 머릿속에서도 문장을 조합하는 과정은 주어인 '그'부터 시작하지 않겠느냐고 반론을 제기할 수 있다.

그러나 촘스키를 비롯한 생성문법학자들은 단호히 "그렇지 않다!"고 주장한다. 첫 번째 증거는 어린아이들의 언어 습득 과정에서 찾을 수 있다. 아이들은 영어를 습득할 때 동사-대상에 관련된 통사적 구성요소를 먼저 습득하고, 그 후에 주제-동사-대상이란 완전한 통사구조로 발전해간다. 신경과학의 연구 결과에서도 뇌가 문장을 분석할 때처럼 수를 반드시 왼쪽에서 오른쪽으로 계산하지 않으며, 뒤쪽에서부터 즉, 합리적인 순서에 따라 조합해서 이해한다는 증거가 있다. 한층 분명한 증거는 동사로 시작하면서 주어를 마지막에 놓는 언어, 즉 주어를 동사와 목적어 뒤에 위치시키는 언어에서 찾아진다. 라틴어는 형태가 문장의 구조를 결정하기 때문에 특정한 어순을 갖지 않는다. 쉽게 말하면, 라틴어에서는 대상(목적어)과 주제(주어)가 단어의 어미변화로 결정된다. 언어학자들은 문장을 구성하는 기본적인 성분들의 보편적이고 자연적인 순서가 있느냐는 문제를 오래전부터 논의해왔다. 특히 생성문법학자들은 좌분지냐 우분지냐는 문제로 고심해왔다. 뒤에서 다시 언급하겠지만, 촘스키를 비롯해 일부 학자가 1980년대 이후 1990년대를 거쳐 지금까지 새롭고 흥미진진한 이론을 거듭 제기하면서 수정 확대 표준 이론은 금세 무대 뒤로 사라지고 말았다.

# 촘스키 언어학의 확산

한편 촘스키에게 1970년대는 철학 연구가 활짝 꽃피운 시기
이기도 했다. 하버드의 간판 철학자인 콰인과 뜨겁게 논쟁을
벌이면서 현대철학에 대한 입장을 밝힌 후라, 촘스키는 《언
어와 정신 *Language and Mind*》 개정판(1972), 언어학 분야
고전인 《언어에 대한 고찰 *Reflections on Language*》(1975)
등 철학에 관한 저작을 봇물처럼 쏟아냈다. 《언어에 대한 고
찰》은 캐나다 온타리오의 맥마스터 대학교에서 강연한 것들과
그 밖의 시론을 편찬한 책이었다. 여기에서 촘스키는 "왜 언
어를 연구해야 하는가?"라는 유서 깊은 질문을 제기하며 흥미
로운 답을 제시했다. 《촘스키의 사상과 이상 *Chomsky: Ideas
and Ideals*》을 쓴 영국의 언어학자 닐 스미스Neil Smith의

평가에 따르면, 이 책은 인간 정신의 '모듈성modularity'을 상세하게 다루었다는 점에서 무척 중요하다.[26] 스미스는 "언어 능력이 많은 점에서 인체의 여느 기관과 비슷한 독립된 모듈이란 증거"를 촘스키가 제시했다고 말했다.[27] 신경과학이 아직 그런 주장을 뒷받침할 만한 결정적 증거를 제시하지 못했지만, 많은 실험 결과가 촘스키의 생각에 신빙성을 더해주는 것은 사실이다. 예컨대 런던의 웰컴 신경과학 영상학과 Wellcome Department of Imaging Neuroscience의 연구원들이 발표한 보고서에 따르면, 단일 언어를 사용한 아이들과 이중언어를 사용하며 자란 아이들을 비교했을 때 후자의 어린이들이 언어 사용 능력을 담당하는 곳으로 알려진 피질의 밀도가 높다.[28] 따라서 촘스키와 같은 학자들의 연역적 추론을 경험과학이 확인해주고 있는 셈이다. 실제로 촘스키는 《언어에 대한 고찰》에서, 경험과학의 과제와 합리주의적 철학의 과제는 서로 밀접한 관계를 갖는다고 말했다. 인류 역사에서 위대한 과학자들은 한결같이 일정한 수준에 이른 철학자이기도 했고, 러셀의 예에서 볼 수 있듯이 많은 위대한 철학자가 과학자 혹은 수학자로 시작했다.

1970년대 초, 촘스키는 네덜란드 텔레비전 방송국에서 푸코를 만났다. 탁월한 철학자로 동성애자였던 푸코와 언어학

1971년 네덜란드 텔레비전 방송국에서 진행된 미셸 푸코(왼쪽)와 촘스키의 토론. 사회자는 폰스 엘더스.

자 겸 철학자인 촘스키는 겉모습부터 확연히 달랐다. 두 사람의 만남에는 얄궂은 기운마저 띠었다. 철저한 합리주의자인 촘스키는 프랑스 철학자이자 과학자이던 데카르트에게서 깊은 영향을 받아, 촘스키의 언어학은 때때로 '데카르트 언어학'이라 불리기도 했다. 포르 루아얄 언어학파와 소쉬르처럼 촘스키에 앞서 랑그와 파롤이라는 이분법을 말했던 프랑스 언어학자들도 있었다. 이런 계보를 고려할 때, 촘스키가 언어를 중심에 두면서도 포스트모던적인 해체주의로 흘러가던 프랑스 철학을 철저히 경멸했다는 사실이 놀랍기만 하다.

거기에는 여러 이유가 있는데 그중 하나가, 프랑스의 포스트모던 철학이 '정치 비평'적 색채를 강하게 띠어 철학이 정치적 행동주의처럼 여겨진다는 것이었다. 당시 프랑스의 철학과 정치적 행동주의의 저변에 흐르던 마르크스식 분석을 촘스키는 무척 싫어했다. 촘스키는 정치적 행동주의에 끼어드는 난삽한 이론을 격렬하게 비난하며, 평범한 노동자들의 삶을 얘기할 때는 누구라도 이해할 수 있는 쉬운 말과 상식으로 접근하자고 주장했다. 이쯤이면 촘스키가 프랑스 철학을 비난한 이유를 충분히 납득할 수 있을 것이다. 촘스키에 따르면, 프랑스 지식인들의 말장난 같은 이상야릇한 정치적 담론은 좌파 엘리트들이나 이해할 수 있어, 평범한 노동자들을 우롱하는 짓이었다.

1980년대에 이르자 촘스키 제자들이 중견 언어학자로 성장했다. 이들은 촘스키 언어학을 수정, 확대해갔다. 혁신적인 변화도 있었는데, 그 중심에는 물론 촘스키 자신이 있었다. 그런 변화의 첫 결실이 흔히 GB라 일컬어지는《지배와 결속에 대한 강의: 피사 강의 Lectures on Government and Binding: The Pisa Lectures》(1981)다. 언어학자 루이지 리치는 촘스키의 이탈리아 방문과 강연을 주선했다. 리처드 케인(Richard Kayne, 뉴욕 대학교 언어학과 교수. 그 전에 파리8

대학에서도 강의했다—편집자)이 프랑스 학생들에게 생성문법을 알렸다면, 리치는 이탈리아 학생들에게 생성문법을 알리는 데 혼신을 다했다. 리치와 케인은 생성문법이 영어 이외의 언어에도 적용된다는 걸 입증해보았다. 당시만 해도 생성문법이 다룬 자료가 대부분 영어였기 때문에 간혹 의혹이 제기되었다. 촘스키는 헤브라이어를 다룬 자신의 초기 논문을 비롯해 매튜스G. H. Matthews의 《히다차 통사론*Hidatsa Syntax*》(1965), 터키어를 부분적으로 다룬 로버트 리Robert Lee의 MIT 박사 학위 논문을 예로 들며 그런 의혹이 기우에 불과하다고 일축했다. 특히 케네스 헤일(Kenneth L. Hale, 1934~2001)이 1960년대 중반부터 MIT 교수로 부임하면서 MIT는 오스트레일리아와 아메리카 대륙 원주민 언어를 생성문법으로 연구하는 세계적인 중심지가 됐다.

GB 강의에서 촘스키는 과거의 모델인 수정 확대 표준이론에서 완전히 탈피해서, 많은 규칙을 단순하지만 자료의 대부분을 설명할 수 있는 강력한 원리들로 대체했다. 앞에서 언급한 핵계층이론 이외에 '$\alpha$-이동(move $\alpha$)'이 더해졌다. 변형, 특히 의문문을 생성할 때 적용되는 구성요소들의 이동 (Wh-이동)이 너무 복잡해져서 때로는 규칙을 좇아가는 것이 불가능한 경우가 적지 않았다. 따라서 모든 종류의 이동을 한꺼번에 설명하는 보편 원리를 찾아낼 수 있다면 그런 문제를 너끈히 해결할 수 있을 것 같았다. 따라서 촘스키식 언어학자들은 구나 어휘가 치환이나 부가로 인해 이동할 때는 무차별적으로 적용되는 '$\alpha$-이동'을 고안해냈다. 물론 GB의 다른 원리들과 복합되기 때문에 전문적인 부분은 무척 복잡하다. 예컨대 결속이론Binding Theory을 올바로 알려면 다음과 같은 대용어 관계anaphoric relation에서 출발해야 한다.

(a) John likes him

(b) John likes himself

(c) Bill thinks John likes him

(d) Bill thinks John likes himself

위의 예는 닐 스미스의 책에서 인용한 것이다.[29] 위에서 'himself'는 모두 John을 가리키지만, him은 John을 결코 가리킬 수 없다. 요컨대 John이 아닌 다른 사람을 가리킨다. 물론 Bill을 가리킬 수도 있다. 달리 말하면, himself는 선행사에 결속되지만 him은 자유롭다. 즉 결속되지 않는다. 이번에는 다음 문장을 보자.

(e) The possibility that John might fail bothered him

(존이 실패할지도 모른다는 가능성이 그를 괴롭혔다)


여기에서 him은 John을 가리킬 수 있다. 또한 이 문장에서 him의 자리에 himself는 쓰일 수 없다. 어떤 언어에서나 대명사가 중요한 역할을 한다는 사실을 고려하면, 이 단순한 '결속'의 원리가 다른 원리들과 결합되어, 전에는 일관된 방법으로 설명하기 어려웠던 많은 현상을 깔끔하게 설명해준다. 예컨대 (d)에서 himself가 Bill을 가리킬 수 없는 이유는 무엇일까? '결속'은 국부 영역에만 적용된다는 국부성 원리locality principle 때문이다. 달리 말하면, 결속은 어떤 통사적 경계를 넘어갈 수 없다는 뜻이다. 똑같은 원리가 이동, 즉 'α-이동'에도 적용된다. 여기에서 파생된 또 하나의 중요한 이론이 '의미역 이론(Theta Theory)'이다. θ-이론이라 줄여서 표현되며, thematic의 th에서 끌어온 명칭이다. 전통문법에서 자동성/타동성 혹은 결합가(結合價, 동사 등이 문장 구성상 반드시 필요로 하는 요소의 수—옮긴이)로 불리던 것을 정교하게 재가공한 개념이다. 전통문법에서 공부했듯이, 동사는 주어만을 갖는 자동사, 주어와 목적어를 갖는 타동사 혹은 주어와 직접목적어와 간접목적어를 갖는 수여동사가 될 수 있다. 정확히 말하면 많은 언어학자가 참여한 합작품인 촘스키의 GB이론에서, 동사와 논항(명사구) 사이의 의미역 관계는 동사를 중심으로 새롭게 짜인다. 달리 말하면, 적격한 문장만을 생성하기 위해서 동사가 필요한 명사적 논항의 수를 결정한다는 뜻이다. 또한 어떤 언어에나 적용되도록 '주어'와 '목적어'를 뚜렷하게 정의하지 않고, 명사적 논항이 문장 내에서 맡는 역할에 따라 새로운 명칭이 부여된다. 따라서 의미역 이론에서는 주어 대신에 '주제', 목적어 대신에 '대상'이란 용어가 사용되고, 그 밖에 '행위자'와 '수동자'란 용어가 쓰인다. 능동문과 수동문의 변형을 예로 들어 설명해보자.

(a) The cat ate the mouse

　(고양이가 쥐를 잡아먹었다)

(b) The mouse was eaten by the cat

　(쥐가 고양이에게 잡아먹혔다)

어떤 식으로 변형되든 두 문장에서 행위자는 cat이고 수동자는 mouse이다. 하지만 (a)에서는 cat이 '주제'이고, (b)에서는 mouse가 '주제'다. GB이론, 즉 지배 · 결속이론에서 모든 명사적 논항은 하나, 오직 하나만의 의미역을 갖는다고 가정되기 때문에, 문장 내에서 위치가 바뀌더라도 '행위자'와 '수동자'라는 이름은 변하지 않는다. 그런데 영어는 대격 accusative 언어이기 때문에 '대격' 동사가 많은 편이다. 달리 말하면, 행위자를 주어로 취하는 동사가 많다는 뜻이다. 그런데 흥미롭게도 영어에는 undergo(겪다)처럼 비대격 동사가 적지 않다. 이런 동사가 쓰이면, 아래의 예처럼 주어는 수동자가 된다.

John underwent surgery
(존은 수술을 받았다)

의미역 이론은 이른바 능격ergative언어도 설명해준다. 능격언어에서는 동사가 다른 식으로 사용된다. 달리 말하면, 수동자가 주어이고 행위자가 임의적인 목적어인, 수동태 같은 동사가 압도적으로 많다. 폴리네시아의 니우에어語를 예로 들어보자.

(a) Kua Kai he pusi e kuma
    T eat ERG cat ABS rat

The rat was eaten by the cat

니누에어의 전형적인 문장이다. 이 문장을 영어로 문자 그
대로 번역하면 수동형 문장에 가장 가깝다. 하지만 니누에어
에는 수동형 문장이 없다. 여하튼 위의 문장에서 행위자, he
pusi(the cat)는 능격 표시자를 갖고 있으며, 임의적으로 탈
락될 수 있다.

(b) Kua Kai e kuma
    The mouse was eaten

문장 (b)는 '쥐가 먹고 있었다'를 뜻할 수 없다! 그 이유
가 무엇일까? 니누에어에서 동사 kai(to eat)는 대상(목적
어)으로 행위자를 취하고, 주제(주어)로 수동자를 취하기 때
문이다. 대상(목적어)이 임의적으로 탈락되면 수동자가 주제
(주어)가 된다. 니누에 사람이 영어로 '쥐가 먹고 있다'에 해
당되는 말을 하라면 다른 동사를 사용해야 한다. 구체적으로
말하면, 행위자를 주제(주어)로 선택하는 자동사를 사용해야
한다. 대격언어처럼, 능격언어도 비능격 동사를 갖는다. 결
국 대격언어가 능격 동사를 갖고, 능격언어가 대격 동사를

갖는다는 말과 다를 바가 없다.

이번에는 지배·결속이론에서 '지배government'에 대해 살펴보자. 지배라는 개념도 전통문법에서 '격case'에 해당되는 부분을 정교하게 재가공한 것이다. 예컨대 라틴어는 주격, 호격, 대격, 속격, 여격, 탈격 등 복잡한 격 체계로 유명하다. 영어에도 he(주격)와 him(대격)처럼 대명사에서 격 체계의 흔적이 조금 남아 있다. 구조주의 문법과 기술 문법 descriptive grammar에서 격은 문장 내에서 갖는 역할에 따라 결정되는 명사의 자질인 반면에, GB는 한 걸음 더 나아가 "명사적 논항을 결정하는 것이 동사이기 때문에 격을 '지배'하는 것도 동사여야만 한다"고 주장한다. 달리 말하면, 동사가 자신이 지배하는 명사에 격을 부여한다. 지배 과정이 무척 복잡해 여기에서 자세히 설명할 수는 없지만, 격을 보는 새로운 시각을 열어준 것만은 틀림없다. 예컨대 명사(혹은 명사구)는 문장의 생성 과정 어딘가에서 격절점에 의해 '허용'돼야만 한다. 거꾸로 설명하면, 통사체의 새로운 이분지 쌍은 구성성분으로 '병합(merge)되고, 그런 모든 통사체가 지배이론의 조건을 만족시키는지 GB이론의 원리들로 '점검'받아야 한다.

생성 과정이 전반적으로 이분지로 이루어진다는 사실을 고려하면, GB이론에서 핵심적 역할을 할 만한 또 하나의 중요한 과정이 있어야 한다. 달리 말하면, 한 언어에서 매개변인이 이원적(±) 자질을 선택하는 과정이다. 이런 도구는 우리가 어떤 유형의 언어를 말하는가를 결정해주는 강력한 설명력을 갖는다. 니누에 섬에서 자라는 아이는 니누에어가 대격언어인지 능격언어인지 결정하기에 충분한 자료를 입력받기 마련이다. 이런 근본적 매개변인이 결정되면 아이는 계속해서 다른 매개변인들을 결정해 나아가며 니누에어만의 특별한 구조를 습득한다. 촘스키가 '원리와 매개변인principle and parameter'이라 칭한 이런 통합된 접근법은 오늘날 언어학에서 가장 커다란 진전이다.

그 후 촘스키는 GB이론을 더 정교하게 다듬어 《장벽 Barriers》(1986)을 출간했다. '언어학 탐구 모노그라프' 시리즈의 13권으로 발표된 《장벽》은 얄팍하지만 무척 전문적인 논문이었다. 여기에서 촘스키는 지배와 이동을 가로막는 '장벽'을 다루며, "지배를 차단하는 데는 하나의 장벽이면 충분하지만, 이동은 하나 이상의 장벽에 의해 점증적으로 차단되는 듯하다"고 말했다.[30] 말했듯이 이 논문은 지극히 전문적이어서 대학원생은 물론이고 어엿한 언어학자까지 당혹감에 빠뜨렸지만, 언어학이 발전해 나아갈 방향을 가리키고 있기 때문에 논문에서 다뤄진 핵심 개념 중 하나를 대략이나마 살펴볼 필요가 있을 듯하다.

《장벽》에서는 비어휘 범주도 핵계층이론의 적용을 받아 통사적 투사체syntactical projection가 된다. NP(명사구), VP(동사구), PP(전치사구) 등처럼 익숙해진 최대 범주 이외에 보문소구(Complementizer Phrase, CP)와 이름조차 붙이기 힘든 IP라는 추상적인 범주가 더해진다. 보문소구는 전통 문법에서 접속사가 차지하는 최대 범주라 생각하면 되고, IP에서 I는 시제와 법, 일치와 격 등을 나타내는 굴절어미 Inflection란 범주를 뜻한다. 달리 말하면, 문장의 생성이 동사부터 시작된다면 동사는 여러 어휘 범주와 비어휘 범주를 투사한다. CP는 그렇다손 치더라도 IP가 문장의 생성 과정에서 여러 구성성분을 지배하는 투사체라는 가정은 무척 흥미롭다. 시제가 동사에만 국한된 개념이 아니라 문장 전체에 제약을 가하는 개념이란 보편적 상식에 근거한 가정인 듯하다. 이분지 원리도 전통문법에서는 애매하게 처리됐던 상식 하나를 되살려낸다. 달리 말하면, 시제가 처음에는 과거와 비과거로만 양분된다는 것이다. 그런데 전통문법처럼 과거-현재-미래로의 삼분지는 괜스레 까다롭게 시제를 분리해서 오랫동안 언어 학습자를 괴롭혀왔다. 지금도 영어를 제2언어로 가르치는 나라의 영어 교과서는 '현재시제'로 시작하며, 현재시제가 영어에서 사용되는 모든 시제의 중심이라 가르친다. 그러나 조그만 깊이 생각해보면, '현재시제'는 쉽게 정의하기 힘든 무척 특수한 시제다. 따라서 과거시제부터 시작하는 것이 훨씬 자연스럽고, 앞으로 외국어 교육에서 선택해야 할 길이다. 상식이 아니라 GB이론 덕분에 깨달은 진실이다.

# 포리송 사건

1980년대에 쏟아진 출판물을 통해 촘스키는 언어 부문에서 타의 추종을 불허하는 탁월한 철학자로 우뚝 올라섰다. 그가 어떤 형태로도 정치철학에 개입하지 않았고, 특히 현대 프랑스 철학에 휩쓸리지 않았다는 점은 이미 얘기했다. 앞에서 언급했듯이 이 책에서 나는 촘스키의 철학과 정치적 행동주의를 엄격히 구분하고자 한다. 물론 언어철학도 인간의 행위에 영향을 미친다는 것은 부인할 수 없는 사실이다. 촘스키도 우리의 언어 능력이 세상을 변화시키고 더 낫게 만들어가는 궁극적인 도구라고 항상 말해왔다. 그러나 그가 철학적 시론을 모아 편집한《규칙과 표상*Rules and Representations*》(1980)에서 지적했듯이, "획득된 지식을 활용해서 지식을 획득하는 과정과 경험을 해석하는 방법을 연구하는 한, 행동의 인과관계, 더 넓게 말하면 우리가 무엇을 할 것인지 선택하고 결정하는 능력에 대한 의문은 풀리지 않는다."[31] 촘스키의 사상과 이상을 말할 때 반복해서 제기되는 문제, 즉 언어 능력에서 생물학적 요인이 《규칙과 표상》에서도 어김없이 거론된다. 촘스키는 생물언어학으로 알려진 신생 학문의 연구 범위를 명확히 규정하려 애쓰면서, 생물언어학이 당시에 유행처럼 번지던 인지언어학cognitive linguistics의 일부로 분류되는 것을 못마땅해했다. 인지언어학은 언어를 광범위한 인지 도구의 하나로 보아, 언어는 당연히 생물학적 근거를 갖는다고 여겼다. 그러나 촘스키는 "언어 메커니즘이 '보편적인 학습 전략', 즉 일반적인 인지 메커니즘의 특수한 경우라고 주장하는 경향이 안타까울 뿐이다"고 말했다.[32]

1980년대 말, 촘스키는 범세계적인 현상이 됐다. 1984년 인도 출신인 두 저자가 촘스키에 관한 주요 출판물을 처음으로 정리해 발표한 목록에 따르면, 촘스키가 쓴 출판물만 180종이 넘었고, 촘스키를 다룬 출판물의 수는 그 두 배에 달했다.[33] 2005년 현재, 아마존닷컴에서 촘스키와 관련된 도서를 검색해보면 600종이 넘는다. 촘스키는 우리 시대에 가장 자주 인용되는 생존 작가가 됐고, 시대를 통틀어 최고의 10인

작가 중 한 명으로 꼽힌다. 학계에서도 언어학과 철학의 경계를 넘어, 컴퓨터과학부터 신경과학, 인류학에서 교육학과 수학, 문학비평에 이르기까지 어디에서나 그의 목소리가 들린다. 여기에 촘스키의 정치적 행동주의까지 더하면, 촘스키가 거론되지 않는 곳이 드물 지경이다. 반동적 담론과 행동을 경계하는 사람들이 촘스키를 무력화해야 할 제1의 공적公敵으로 삼는 이유가 충분히 이해된다.

언어학과 철학 분야에서 촘스키를 비판하는 사람들은 '촘스키 대 콰인'의 예에서 봤듯이 주로 철학 분야를 집중 공격했다. 그렇다고 언어학 분야에서 논쟁이 없었던 것은 아니다. 일부 평론가는 언어학 분야에서 촘스키와 다른 학자들 사이에서 벌어진 논쟁을 '언어학 전쟁linguistics wars'이라 칭했을 정도였다.[34] 촘스키는 언어학과 관련된 논쟁을 건전한 토론이라 생각했다. 그러나 앞에서도 봤듯이 철학적 논쟁에서는 거친 언어를 구사하기도 했다.

촘스키의 정치적 행동주의를 근거 없이 비판하는 사람들도 있었는데, 이런 분위기를 보여주는 사건 하나가 있었다. 이 사건은 1979년 말에 시작돼서 1980년대까지 이어졌다. 프랑스 학자 로베르 포리송Robert Faurisson이 가스실에 관한 논문(2차대전 때 나치의 유대인 학살 즉 홀로코스트는 조작된 것이며 가스실은 존재하지 않는다고 주장—편집자)들을 발표하자, 대학은 그를 폭력에서 지켜줘야 할 이유가 없다며 정직시켰다. 그 후 그는 '역사 왜곡죄'로 재판까지 받게 됐다(프랑스에서 역사 왜곡은 범죄 행위로 여겨진다). 이때 촘스키는 500여 명의 지식인과 함께, 표현의 자유가 포리송의 재판에도 적용돼야 할 거라는 탄원서에 서명했다. 더 정확히 말하면, 촘스키는 "국가가 역사적 진실을 결정하고 그렇게 결정된 진실에서 벗어난 행위를 처벌할 권리를 갖는다는 나치주의와 스탈린주의를 거부한다"고 밝혔다.

그런데 포리송을 위한 탄원서에 서명한 행위가 문제시됐다. 이른바 '정치적 올바름political correctness'이 잘못 적용된 사례였다. 좌익과 우익이 모두 분노하며 촘스키를 범죄자처럼 몰아갔다. 촘스키는 반유대주의를 옹호하고 홀로코스트를 부인하는 포리송의 입장에 동의하지 않지만, 포리송에게도 표현의 자유를 허락해야 한다는 취지에서 탄원서에 서명한 것이라고 주장했다. 요컨대 중요한 것은 쟁점 자체이지, 누가 그런 쟁점을 제기했느냐는 중요하지 않다는 것이 촘스키의 일관된 생각이었다. 만약 독일인들이 히틀러의 《나의 투쟁》에서 제기된 쟁점에 좀더 관심을 가졌더라면 히틀러가 그처럼 극단적 행위까지 저지르지는 않았을 것이다.

우리가 어떤 주장을 펼친 사람을 없애버린다고 그 사상까지 없어지지는 않는다. 닐 스미스도 《촘스키의 사상과 이상》에서 똑같은 지적을 했다.[35] 그런데 바스키Barsky가 전반적으로 호의적인 시각에서 풀어간 촘스키의 전기 《촘스키, 끝없는 도전Noam Chomsky: A Life of Dissent》(1997)에서 "포리송 사건은 촘스키의 성격적 결함을 조금이나마 보여주었다"고 결론 내린 것은 다소 놀랍다.[36]

# 언어 능력은 선천적인 것

앞에서도 언급했지만, 촘스키가 언어학에서 오늘날까지 줄곧 유지한 핵심적 줄기는 생물언어학이다. 생물언어학을 치밀하게 실행에 옮기는 프로그램이 이른바 '최소주의 프로그램Minimalist Program'이다. 촘스키는 1995년에 같은 제목의 책을 내기도 했다. 앞에서도 '최소주의'란 용어가 언급되기는 했는데, 언어학 프로그램에서 최소주의는 무슨 뜻일까? 이 용어를 문자 그대로 해석하면, 이론 자체의 적용 범위가 '최소화'된 것이라 생각할 수 있다. 그러나 전혀 그렇지 않다. 적용 범위는 오히려 더 넓어졌고, 규칙들이 최소화되면서 강력한 설명력을 띤 소수의 원리 체계로 전환됐다. 따라서 오래전부터 모색되던 '원리와 매개변인'을 통한 접근법이 전면에 부각됐다. 지배·결속이론에서도 이런 '원리'들의 일부가 이미 제기됐지만, 당시에는 그런 원리들을 규정하는 규칙들을 설정하는 데 역점을 두었다. 그러나 완전히 탈바꿈된 새로운 접근법은 그런 원리들에서 핵심적인 뼈대만 남겨놓았다. 수형도에 덧붙여지는 모든 이름을 예로 들어보자. 이런 이름들이 정말로 필요한 것일까? 그렇지는 않다. 이런 생각에서 '필수 구절구조bare phrase structure'라는 개념이 등장한다. 여기에서는 통사체만 존재하지 이름이 덧붙여진 구성성분은 존재하지 않는다. 이런 구조에서 '$\alpha$-이동'이란 원리가 적용되면 아무런 이름도 없는 절점이 위나 아래로 이동할 뿐이다. 122쪽의 수형도는 일본어 문장을 '필수 구절구조'로 표현한 예다.

John-wa nani-o kaimasita ka?

(존은 무엇을 샀습니까?)

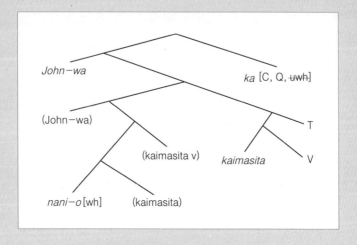

위의 수형도 구조는 최소주의 프로그램 언어학자 데이비드 아저David Adger[37]가 제시한 것으로 구성성분의 명칭이 덧붙여지지 않았다.

전문적인 부분까지는 다루지 않겠지만, 수형도에서 동사 '가이마시타(to buy)'는 둥근 괄호로 표시된 데로 약간 이동된다. John-wa도 마찬가지이다. 그런데 T와 V로 표시된 추상적인 통사체, 즉 비어휘적 통사체 둘이 눈에 띈다. 대괄호 안의 항목은 '점검'받아야 할 자질이며, 옆줄이 그어진 항목은 자질의 검증이 성공적으로 이루어졌다는 것을 나타낸다. 최소주의 프로그램 언어학자라면 이런 구성성분, 즉 가지가 만나는 절점이 무엇인지 어렵지 않게 짐작할 수 있다. 또 어떤 경우라도 구성성분은 병합된 통사체로 결정되기 때문에, 그 통사체가 무엇인지 명확히 하려고 구태여 범주의 이름을 더해서 수형도를 복잡하게 만들 필요가 없다. 물론 앞의 수형도가 '최소주의 프로그램'을 모르는 사람들에게는 아리송한 수수께끼처럼 보이겠지만, 전문가에게는 최소주의 프로그램의 효율성을 보여주는 증거로 여겨진다.

이런 수형도로 어떤 언어에서나 적격한 문장을 생성해낼 수 있을 뿐 아니라 비적격한 문장, 즉 비문법적 문장이 생성 과정의 어디에서 무슨 이유로 틀렸는지도 설명할 수 있다. 따라서 어떤 언어의 매개변인 전부나 대부분을 미리 알아야 문장의 생성 과정을 추적할 수 있다. 물론 적용된 원리들이 개별 언어에 알맞도록 수정될 수도 있다. 하지만 뼈대만 남은 기저구조는 '최소주의 프로그램'과 보편문법(Universal Grammar, UG)에 의해 주어진다. 따라서 촘스키 언어학의 설명력이 한층 강화됐다. 현존하는 어떤 언어학 이론도 이처럼 야심찬 주장을 펴지 못한다. 항상 신중하게 말하는 촘스키의 표현대로, '지금까지의 주장이 맞다면' 생물언어학과 보편문법이 더해진 최소주의 프로그램의 미래는 현재 언어학 연구에서 가장 밝다고 할 수 있다.

촘스키 언어철학이 결국에 이루어낸 성과는 언어를 철학에서 떼어내 언어학이란 독립된 자연과학의 연구 대상으로 삼았다는 점이다. 한편 철학자로서 촘스키가 이루어낸 성과를 철학적 관점에서 말하면, 콰인을 비롯한 행동주의자들의 주장, 즉 언어는 학습되는 행동이란 주장을 반박한 것이다. 촘스키는 과학적 연구를 근거로, 인간의 언어 능력은 생물학적 체계의 일부로 선천적으로 주어지는 것이라 주장했다. 언어 능력은 선천적 능력이라는 촘스키의 생득주의nativism는 언어와 정신에 대한 기존의 생각, 즉 정신은 태어날 때 빈 서판이라 경험으로 채워져야 한다는 '백지상태'론을 거부하는 철학자와 언어학자에게 든든한 받침돌 노릇을 해왔다.

언어 능력은 보편문법에 바탕을 둔다는 촘스키의 생각에 철학자보다 동료 언어학자들이 더 자주 의문을 제기했는데, 쟁점은 언제나 똑같다. 기능주의 언어학과 화용론적 언어학을 비롯한 많은 학파는 언어 능력보다 언어의 커뮤니케이션 기능을 크게 중요시한다. 인지언어학은 촘스키 언어학과 유사한 면을 띠지만, 언어 능력은 일반적인 인지 기능에서 직접적으로 파생되는 것이라서 촘스키의 보편문법처럼 음운 형태나 논리 형태를 별도로 설정할 필요가 없다고 주장한다.

촘스키의 언어철학은 무엇보다 "어린아이가 어떻게 언어

를 습득하고, 그 언어를 창조적으로 사용할 수 있을까?"라는 해묵은 의문을 푸는 데 큰 역할을 했다. 어떤 이론도 촘스키의 이론만큼 설득력 있게 설명하지 못했다. 촘스키는 언어에서 '플라톤의 문제', 즉 "우리에게 주어지는 것이 턱없이 적은데도 우리가 어떻게 그처럼 많은 것을 알게 되는 걸까?"라는 의문을 해결해냈다.

1990년대 이후 지금까지 촘스키는 자신의 철학적 입장을 반복해서 말할 뿐이다. 따라서 언어학자로서는 최고의 경지에 올랐지만, 철학적 패러다임을 바꾸는 데는 아무런 공헌을 하지 못했다. 이런 점에서, 철학자로서 대중적 인기는 높았지만 사변철학speculative philosophy에는 별다른 공헌을 하지 못한 러셀과 무척 비슷하다. 그러나 러셀은 수학 분야에서는 큰 업적을 남겼다. 수학이 철학의 하위 분야가 아니었던 시대에, 러셀은 수학적 논리가 자연언어에 포함된다는 사실을 훌륭하게 증명해보였다. 또한 촘스키의 대중철학이 그렇듯이, 러셀의 대중철학도 자신의 정치적 행동주의와 밀접한 관계가 있었다.

**1**    Robert F. Barsky, *Noam Chomsky: A Life of Dissent*, (Cambridge, MA, 1997), p. 95.

**2**    Noam Chomsky, *Cartesian Linguistics*, (New York, 1966).

**3**    David Crystal, *A Dictionary of Linguistics and Phonetics*, (Oxford, 1991), pp. 258~259.

**4**    Ferdinand de Saussure, *Course in General Linguistics*, (New York, 1959).

**5**    Roman Jakobson, *Selected Writings, I : Phonological Studies*, (The Hague, 1962).

**6**    Claude Lévi-Strauss, *Tristes Tropiques*, (New York, 1963).

**7**    Leonard Bloomfield, *Language*, (New York, 1933).

**8**    B. F. Skinner, *Verbal Behavior*, (New York, 1957).

**9**    Noam Chomsky, 'A Review of B. F. Skinner's Verbal Behavior,' Language, XXXV/1(1959), pp. 26~58.

**10**    Robert F. Barsky, *Noam Chomsky: A Life of Dissent*, (Cambridge, MA, 1997), 1장 참조.

**11**    Zellig S. Harris, *Methods in Structural Linguistics*, (Chicago, 1951).

**12**    Robert F. Barsky, *Noam Chomsky: A Life of Dissent*, (Cambridge, MA, 1997), p. 53.

**13**    Noam Chomsky, 'The Biolinguistic Perspective after 50 Years' (2004년 4월 이탈리아 피렌체 대학에서 한 강연).

**14**    Samuel Hughes, 'The way they were (and are)', University of Pennsylvania Gazette(2001년 7, 8월).

**15**    Robert F. Barsky, *Noam Chomsky: A Life of Dissent*, (Cambridge,

MA, 1997), p. 86.

**16** Ray C. Dougherty, *Natural Language Computing*, (Hillsdale, NJ, 1994), p. viii.

**17** Gilbert Harman, ed., *On Noam Chomsky: Critical Essays*, (New York, 1974), p. vii.

**18** Noam Chomsky, *Language and Politics*, (Montreal, 1998), p. 190.

**19** Bertrand Russell, *The History of Western Philosophy*, (London, 1946, reprinted 1979), p. 634.

**20** Donald Davidson and Jaakko Hintikka, eds. *Words and Objections: Essays on the work of W. V. Quine*, (Dordrecht, 1969), p. 64.

**21** Noam Chomsky, 개인적 대화, 2005.

**22** Noam Chomsky, *Aspects of the Theory of Syntax*, (Cambridge, MA, 1965).

**23** 위의 책, pp. 128~147.

**24** http://www.amazon.com/exec/obidos/tg/detail/-/0060412763/ qid=1120108283/sr=1-2/ref=sr_1_2/103-0618543-1252605?v= glance&s=books에서 입수 가능(2005년 6월 30일 현재).

**25** Crystal, *Dictionary of Linguistics*, p. 383.

**26** Neil Smith, *Chomsky: Ideas and Ideals*, (Cambridge, 1999).

**27** 위의 책, p. 19.

**28** Andrea Mechelli and others, 'Neurolinguistics: structural plasticity in the Bilingual Brain', Nature, 431(2004), p. 757.

**29** Neil Smith, *Chomsky: Ideas and Ideals*, (Cambridge, 1999), p. 69.

**30** Noam Chomsky, *Barriers*, (Cambridge, MA, 1986), p. 1.

**31** Noam Chomsky, *Rules and Representations*, (New York, 1980), p. 46.

32  위의 책, p. 215.

33  L. S. Ramaiah and T. V. Prafulla Chandra, *Noam Chomsky: a Bibliography*, (Gurgaon, 1984).

34  Randy Allen Harris, *The Linguistics Wars*, (New York, 1993).

35  Neil Smith, *Chomsky: Ideas and Ideals*, (Cambridge, 1999), pp. 208~ 209.

36  Robert F. Barsky, *Noam Chomsky: A Life of Dissent*, (Cambridge, MA, 1997), p. 183.

37  David Adger, *Core Syntax: a Minimalist Approach*, (Oxford, 2003), p. 367.

3장
# 정치적 행동주의자

# 신문 가판점에서 만난 세계

에스파냐 내전 당시 파시즘의 발흥과 바르셀로나의 함락을 주제로 글을 쓴 사람이라면 정치적인 성향을 띤 사람이라 말할 수 있다. 가령 당신이 그런 글을 열 살에 썼다면 당신은 정치적으로 반체제 인사로 살아야 할 운명을 타고난 사람이다. 촘스키는 그때를 이렇게 회상한다.

그때 받은 충격이 지금도 생생하게 기억나기 때문에 그 글이 어떤 내용이었는지도 똑똑히 기억한다. 바르셀로나가 함락된 직후였다. 파시스트 세력이 바르셀로나를 점령한 때였다. 말하자면, 에스파냐 내전이 실질적으로 끝난 때였다. 나는 유럽 전역으로 확산되는 파시즘에 대한 글

을 썼다. 따라서 그 글은 뮌헨과 바르셀로나에 대한 얘기
로 시작됐다. 나치의 세력, 즉 파시스트 세력이 무섭게
확산되고 있다는 얘기로 시작되었다.[1]

그로부터 수년 후, 촘스키는 다른 차원의 정치교육을 받기
시작했다.

혼자 기차를 타고 여행할 수 있는 나이가 되자, 나는 주
말이면 뉴욕 이모네 집에 가서 유니언 광장과 4번가 부근
에 있는 서점에서 시간을 보냈다. 이민자들이 운영하는
자그마한 서점들이었다. 그들은 무척 흥미로운 사람들이
었다. 내 생각엔 모두 아흔 살쯤은 돼 보였다. 하지만 실
제로는 40대 전후로, 젊은이들이 서점을 찾는 걸 좋아하
고 그들에게 관심도 많았다. 그들과 얘기를 나누는 것이
내게는 살아 있는 교육이었다.[2]

이모부는 신문 가판점을 운영했다. 이모부의 신문 가판점
은 심리분석 전문가와 지식인이 모이는 곳이었다. 세계정세
를 분석하는 이들의 정치이론은 무척 다양해서, 좌파와 우파
간의 전통적인 간격을 훌쩍 뛰어넘었다. 황량하게 변해버린

유럽과 아시아를 탈출한 사람들이 처음 발을 디디는 거대한 도가니였던 뉴욕은 정치적 음모의 온상이기도 했다. 미국의 주류 정치계가 전쟁판에 끼어들어야 할지 말지 하는 까다로운 문제로 골몰하던 시기에, 뉴욕에서는 무엇을 하고 무엇을 하지 말아야 하는지를 두고 의견이 분분했다. 특히 좌파에서 그랬다.

어린 촘스키는 그곳에서 유대인 아나키즘적 생디칼리스트를 비롯해 무척 다양한 경로를 거쳐 정치교육을 받았다. 특히 유대인 아나키즘적 생디칼리스트들은 바르셀로나를 진정한 참여민주주의가 실현될 찰나에 있는 약속의 땅으로 보았다. 촘스키는 그들이 뉴욕에서 발간하던 잡지 《자유 노동자의 목소리》 사무실을 드나들면서 많은 것을 배웠다. 당시 촘스키는 몰랐겠지만, 그 시대의 전설적인 아나키스트 루돌프 로커(1873~1958)가 뉴욕 주의 북부 지역에 살면서 《자유 노동자의 목소리》에 기고하고 있었다. 그로부터 수년이 지난 후 정치적으로 크게 성장해서야 촘스키는 로커의 글을 우연히 읽었고, 자신의 정치관에 결정적 영향을 미친 중요한 인물로 로커를 꼽았다.

# 아나키스트 로커

로커는 촘스키에게 영향을 미친 여러 인물 중 한 사람에 불과하지만, 로커를 예로 들어 촘스키의 정치관을 설명하는 것도 좋을 듯하다. 로커는 유대인 아나키스트들에게는 무척 유명했지만 그 외의 사람들에게는 거의 알려지지 않은 편이었다. 물론 오늘날에도 로커를 아는 사람은 손가락으로 꼽을 정도다. 만약 촘스키가 마르크스주의자, 트로츠키주의자, 마오주의자 혹은 로자 룩셈부르크의 추종자가 됐다면, 전통적인 좌파를 예로 들어야 촘스키의 정치적 행동주의를 좀더 확실하게 이해할 수 있을 것이다. 그런데 왜 하필 로커와 아나키즘적 생디칼리스트를 예로 들려는 것일까? 사실 로커는 정치이론과 실천에 관한 방대한 소논문을 썼고 소수의 추종자에게 존경받은 수많은 무명 행동주의자 중 한 사람에 지나지 않는다. 또 로커의 글을 읽은 사람이라면 누구나 공감하겠지만, 그의 글에서는 방해물만 없다면 아나키즘이 우리에게 안겨줄 세상에 대한 끝없는 낙관주의까지 읽힌다. 로커는 에스파냐와 바르셀로나의 아나키스트들에 대해 열변을 토해냈다.

에스파냐의 아나키즘적 생디칼리스트 노동자들은 투쟁하는 법을 알고 있었을 뿐 아니라, 진정한 위기가 닥쳤을 때 정말로 필요한 건설적인 생각들로 가득했다. 제1인터내셔널의 시대 이후로 에스파냐의 자유주의적 사회주의 Libertarian Socialism의 가장 큰 장점은 무엇보다 자유를 소중히 여기고 지지자들의 지적인 독립성을 존재의 근거로 삼는다는 정신에 입각해 노동자들을 교육시켰다는 점이다. 다른 나라에서 조직화된 노동자들이 그들 정부의 불간섭 정책을 묵묵히 참고 넘어가는 소극적이고 무력한 태도를 보여, 에스파냐 노동자들과 농민들은 2년 반 이상이나 영웅적인 투쟁을 하고도 패배하고 말았다.[3]

급진 좌파의 글에서 흔히 찾아지는 공통점이지만, 로커의 글에서 눈에 띄는 한 가지 특징은 진정한 적인 중도파와 우파에 맞서 연합전선을 구축하지 못하고 좌파 내의 다른 파벌을 제1의 적으로 천명하는 공통된 경향을 벗어나지 못했다는 점이다. 진보주의자였던 시어도어 루스벨트Theodore Roosevelt가 "아나키즘은 인류 전체에 대한 범죄!"라고 천명한 것이 대표적인 예다.[4] 반면에 로커는 마르크스와 엥겔스를 비판했고, 러시아의 소비에트 체제에 감돌던 전체주의를 다음과 같이 격렬하게 비난했다.

> '소비에트soviet'는 사회주의의 건설적인 면을 철저하게 반영한 사상이기 때문에, 우리가 사회주의 혁명이라 여기는 것을 제대로 규정한 표현이다. 독재란 개념의 기원은 전적으로 부르주아에 있기 때문에 사회주의와는 아무런 관계도 없다. 독재와 사회주의라는 두 개념을 인위적으로 묶는 것이 정말로 필요하다면 가능하기는 하지만, 결국에는 소비에트의 본연적 의미를 상실하고 사회주의의 기본마저 무너뜨리고 말 것이다.[5]

이런 내분의 궁극적인 결과로, 아나키스트가 아닌 사람에게는 전체주의자라는 딱지가 붙여지는 듯하다. 물론 아나키스트가 똑같은 정도로 중도파를 공격한다면 추가 다시 균형을 잡을 수도 있다. 촘스키는 이렇게 추의 균형을 잡으려고 하지만, 중도파와 개혁적인 중도 좌파에게 지독한 불신만 살 뿐이다. 이런 와중에도 촘스키는 어떻게 "미국은 으뜸가는 테러 국가!"라고 말할 수 있을까?[6]

혼란스런 세상에서, 폭력적 혁명을 요구하고 심지어 테러까지 감행하면서 부르주아 계급에게 공포감을 심어주는 불온한 아나키즘에 어떻게 대처해야 하느냐고 우리는 당연히 촘스키에게 물을 수 있다. 정부와 기업, 교회 등이 폭력과 테러로 다스린다면 아나키스트도 자기를 방어할 수밖에 없다. 필요하다면, 적이 사용하는 방법까지 동원해서 보복 테러를 감행하는 것이다. 아나키스트들은 이런 문제를 두고 뜨겁게 논쟁을 벌여왔고, '아나키즘 테러리스트'들은 주로 '아나키즘 운동의 변방에 동떨어져 있는 주변적 인물'로 여겨졌다.[7]

촘스키는 물론이고 로커도 그런 폭력적 행위에는 공감하지 않는다. 다만, 민중의 적들이 억압의 사슬로 자멸하기를 바랄 뿐이다. 물론 그럴 가능성은 너무 희박하다. 로커와 촘스키는 교회가 문제의 한 축이라는 데도 동의하지 않는다. 이런 생각은 종교를 민중의 아편이라 주장하는 마르크스주의자의 입장과 확연히 다르다. 유대인이 보기에 로커는 이방인이었다. 촘스키는 아예 종교를 믿지 않는다. 그러나 둘 모두 종교의 인간적인 면은 아나키즘의 이상과 완벽한 조화를 이룰 수 있다고 생각했다. 로커가 전 세계의 유대인 장인들에게 버팀목 역할을 해왔던 유대인의 영성을 지지했듯이, 촘스키는 남아메리카의 해방신학을 지지한다. 로커는 2차대전에서 연합군의 편에 섰다. 달리 말하면, 많은 아나키스트와 좌파에게 수정주의자revisionist라 비판받을 수도 있는 입장을 취했다.

이런 사례들에서, 로커에게 붙여진 유대인 아나키즘적 생디칼리스트라는 딱지는 넓은 의미의 아나키즘에서 한 입장, 즉 한 분파 안에서 또 쪼개진 한 분파에 불과하다고 말할 수 있다. 각자가 정당 차원까지는 아니어도 고유한 정치적 견해를 표현하는 자유를 누린다는 점에서, 분파는 아나키스트의 이상이라 해석될 수도 있다.

# 행동주의자로 만든 것들

촘스키가 아나키즘적 생디칼리스트로 자처하는 것은 모든 정치이론을 과학적으로 분석해 얻은 결론일 뿐이다. 그가 언어학에서 많은 언어이론을 분석한 끝에 생성문법을 택한 것과 다를 바 없다. 하지만 정치적 행동주의는 학문의 관심사와 근본적으로 다르다. 촘스키가 아나키즘적 정치철학에서 배운 중요한 교훈이라면 "행동이 이론을 세우는 것보다 훨씬 중요하다"는 것이었다. 예컨대 요즘 프랑스 좌파가 '행동'을 문자 그대로 질식시키는 이론서에 짓눌려 있는 반면에, 촘스키의 정치 관련 저서는 한결같이 행동을 촉구한다. 10대 때 촘스키는 뉴욕 유대인 아나키스트들에게서만 소중한 가르침을 받은 게 아니다. 집과 학교에서도 많은 것을 배웠다. 달리 말하면, 이상주의적 경향을 띤 아나키즘적 생디칼리즘에 상당한 매력을 느끼기도 했지만 부모와 부모님의 동료들이 교육현장에서 실천하는 모습에서도 많은 것을 배웠다. 요컨 대 "불가능한 것을 꿈꾸는 세상에서 살지 말고 가능한 것을 실천하라"는 삶의 철학을 배웠다. 상식으로 세상을 바꾸고, 차근차근 더 나은 세상을 만들어가기 위해 사람들을 교육시 키며, 내부에서부터 시스템을 변화시키라고 배웠다. 그런 목 표를 이루는 데 대단한 이론이 필요한 것은 아니었다. 엘시 촘스키는 온화하지만 단호하게 이런 문제들에 접근하는 자 세를 몸소 실천해보였다. 엘시는 드물게 발표한 자신의 글에 서 연극 수업 과정을 다음과 같이 소개했다.

내 제안에 아이들은 처음에 거의 무관심한 반응을 보였 다. 나는 아이들의 반응에서, 그 과제가 아이들이 감당하 기에 너무 버겁다는 것을 눈치 챘다. (…) 나는 그 과제 가 어렵지 않다고 꾸미려 하지 않았다. 하지만 그런 과제 만이 큰 꿈을 가진 똑똑한 사람들에게 어울리는 일이라는 확신을 아이들에게 심어주었다. 그러자 아이들은 어렵다 는 이유로 어떤 과제를 멀리하고, 수줍어하고 망설이면서 타고난 능력을 억누르는 것은 현명한 짓이 아니라는 설득을 상당히 쉽게 받아들였다. 마침내 연습이 시작됐다. 처음부터 끝까지 학급 아이들 거의 전부가 대단한 관심을 보이며 협조를 아끼지 않았고, 다른 어떤 활동에서도 보여준 적이 없던 군은 결심과 끈기까지 보여주었다.[8]

분명한 노동 윤리를 갖고 상식적으로 접근해서 훌륭히 일을 해내는 어머니 모습이 어린 촘스키에게 깊은 영향을 미쳤을 것이다. 하지만 10대 소년답게 촘스키는 이모부와 아나키즘적 생디칼리스트들을 번질나게 만나면서 적어도 겉으로는 그런 어머니에게 반항하는 모습을 보였다.

이런 촘스키의 모습에서 짐작할 수 있듯이, 촘스키 행동 양식에 결정적인 영향을 미친 요인이 무엇인지는 단정 지어 말하기 힘들다. 성장하면서 촘스키도 변했지만 기본적인 원칙만은 굳게 지켰다. 영국의 저명한 언어학자인 닐 스미스가 촘스키에 대해 쓴 책 《Chomsky》의 부제, 즉 '사상과 이상 Ideas and Ideals'이 그 원칙을 가장 완벽하게 정리해주는 듯하다.[9] 촘스키의 이상은 아나키즘적 생디칼리즘에 뿌리를 두는 반면에, 정치적 행동주의라는 사상은 상식에서 출발했다. 그가 이상으로 삼은 아나키즘적 생디칼리즘을 제대로 이해하는 사람은 거의 없지만, 그가 상식으로 표현해 보이는 것을 따르는 사람은 많다. 그는 무료로 사람들을 가르치는 교육을 주된 수단으로 삼아 자신의 이상을 실현하려 한다. 하지만 항의 행진에 직접 참여해 체포되는 것도 두려워하지 않는다. 실제로 그는 1965년에 조세저항운동가와 같은 저항세력을 조직했고, 67년부터 미국에서 손꼽히는 저항지원조직으로 자리 잡은 '레지스트RESIST'를 창설하기도 했다.

# 러셀을 우러르다

젊은 시절 촘스키는 나무랄 데 없는 정치적 행동주의자였다. 오랫동안 아나키스트와 자유주의적 사회주의자들의 문헌을 찾아 도서관들을 드나들면서 자신의 이상을 집요하게 추구했다. 특히 조지 오웰과 러셀의 글에 푹 빠졌다. 두 사람이 철저한 아나키스트는 아니었지만, 오웰의 글을 읽고 촘스키는 바르셀로나에 대한 글을 쓰겠다고 결심했다. 특히 오웰의 《카탈로니아 찬가》는 촘스키에게 깊은 인상을 남겼다. 그렇다고 오웰이 아나키스트들을 적극적으로 편든 것은 아니었다. 물론 오웰은 정치적 행동주의자이면서 뛰어난 작가였다. 상류계급의 교육을 받았지만 사회주의자의 마음을 가진 사람이었다. 그는 마르크스주의자였지만, 반스탈린주의자였던 공화

주의자 조직인 '포움'(POUM, 마르크스주의통합노동자당)의 편에 서서 에스파냐에서 싸웠고, 정통 공산주의자가 바르셀로나를 접수할 때 일정한 역할을 했다. 그러나 정통 공산주의자들은 오웰의 포움과 아나키스트들을 '파시스트'로 규정했다. 달리 말하면, 대의를 배신한 반역자라는 뜻이었다. 그때쯤 오웰은 소련이 전

조지 오웰의 출판노조 회원증. 촘스키는 오웰에게서도 큰 자극을 받았다.

체주의 국가로 전락해가는 모습을 지켜보았고, 그 과정이 훗날 《동물농장》으로 그려졌다. 촘스키는 이 소설을 흥미롭게 읽었고, 그 안에 담긴 메시지에 공감했다. 그런데 오웰의 책을 주로 낸 출판업자 워버그Fredric Warburg가 바르셀로나와 아나키스트를 다룬 로커의 책도 출간했다는 사실은 무척 흥미롭다.[10] 이런 인연으로 오웰도 로커의 책을 읽었을 가능성이 크다. 오웰과 촘스키를 이어주는 또 하나의 연결 고리는 미국의 정치적 행동주의자 드와이트 맥도널드Dwight Macdonald였다. 맥도널드는 1944년부터 49년까지 정치 관

런 잡지《정치Politics》를 출간했는데, 오웰이 이 잡지에 가끔 글을 기고했다. 당시 대학생이던 촘스키는《정치》의 열렬한 독자였다.

그러나 촘스키에게 가장 큰 영향을 준 사람은 버트런드 러셀이었다. 삶에서나 업적에서 러셀은 존경받아 마땅한 인물이었다. 그의 첫 번째 신분은 과학자, 정확히 말하면 수학자이자 논리학자였고, 정치적 행동주의자는 그의 두 번째 신분이었다. 따라서 그는 사회적 의식을 갖고 그에 따라 행동한 학자의 표본이었다. 촘스키는 바로 그런 모습을 지향했다. 러셀과 촘스키는 자연과학에서는 누구도 영원히 속일 수 없으며, 결국 진실이 밝혀지기 마련이라고 확신하고 있었다. 자연에서 일어나는 경험적인 사실을 감출 수는 없었다. 경험이란 척도가 방정식의 일부로 존재하는 한, 어떤 이론이든 결국에는 진위가 밝혀지기 마련이었다. 따라서 문제와 방정식을 해결하려면 과학적으로 사고하는 법을 훈련받아야 하고, 과학적 방법과 논리, 때로는 직관까지 동원해서 자연이 운영되는 방법에 대한 의문을 풀어가야 한다. 이렇게 잘 훈련된 정신이 사회적 의식까지 갖추면 인류에게 닥친 문제에 적절한 조언을 해줄 수 있다고 믿었다. 이상하게 들리겠지만 인간이 삶에서 처한 조건은 자연 법칙을 따르지 않는 듯하다. 우리가 낙원이나 유토피아에서, 요컨대 사회 정의가 살아 있는 사회주의 국가에서 살아갈 수 있는 방법을 과학으로는 고안해낼 수 없기 때문이다. 그 이유를 촘스키는 자연과학이 상당히 단순한 체계를 유지하기 때문이라 설명한다. 어떤 체계가 지나치게 복잡해지면 물리학은 그 체계를 화학에 넘겨버린다. 또 화학은 생물학에, 생물학은 심리학이나 인간 문제를 다루는 학문에 넘겨버린다. 인간 문제는 너무나 복잡해서 극단적으로 단순화된 체계로 짜인 이론밖에 기대할 것이 없다. 따라서 갈릴레오 이후로 물리학은 과학자를 에워싼 자연세계에서 실제로 일어나는 현상을 직접 다루지 않고, 이상적인 조건에서 이루어지는 실험에 의존해왔다. 갈릴레오와 그 후의 과학자들은 점과 같은 물체가 마찰이 없는 완전한 평면, 즉 물리적으로 불가능한 조건에서 굴러갈 때 어떤 현상이 빚어지는가는 중요하게 다루었지만, 돌이 언덕에서 굴러떨어지거나 깃털이 땅에 떨어지면 어떤 결과가 일어나는가는 중요하게 다루지 않았다. 따라서 물리학은 실제 자연현상에 대해서는 거의 말해주지 못한다.

물론 마르크스는 자신의 이론에 '과학적' 사회주의란 이름을 붙이면서 현실적인 문제를 다룰 것이라고 선언했다. 하지만 지금까지 상황은 악화되기만 했다. 로커를 비롯한 아나키

촘스키가 가장 닮고 싶어 한 러셀. 캘리포니아에서 강연하는 모습.

스트들은 이미 오래전에 이런 결과를 예견했고, 마르크스의 과학적 사회주의는 프루동Pierre-Joseph Proudhon이 꿈꾸던 유토피아적 사회주의의 배신이라고 말했다. 러셀과 촘스키도 비슷한 결론을 내렸다. 정치는 평범한 사람들의 삶을 위한 조직이기 때문에, 대다수의 보통 사람이 과학자가 아니라는 간단한 이유만으로도 정치는 과학의 영역 밖에 있어야 한다는 것이다. 앞에서 말했듯이, 무척 복잡한 체계로 이루어진 일상의 삶에서는 이상적으로 단순화된 체계에서 적용되는 규칙을 기대하기 어렵다. 따라서 러셀과 촘스키는 더 나은 세상을 만들어가기 위한 디딤돌로 '상식common sense'의 중요성을 역설했다. 상식대로 세상이 돌아가기 위해서는 올바른 결정을 내릴 수 있는 양질의 정보가 필요하다. 또한 양질의 정확한 정보를 조사하고 발굴하기 위해서는 과학적 사고가 유용하게 쓰일 수 있다. 이런 조건이 갖춰질 때 상식은 적절한 행동 방향을 결정할 수 있다. 보통 사람들은 세상 어디에서나 상식으로 살아가고, 또 누구나 언어 능력을 타고나기 때문에 "진실을 찾아내서 그들에게 알려주기만 하면 된다!" 러셀이 그랬고, 촘스키도 그렇게 하려고 했다. 누가 먼저였느냐 따질 것은 없다. 촘스키는 러셀을 알기 전에 이미 그런 결론에 이르렀기 때문이다. 오웰과 마찬가지로 러셀도 촘스키의 결론에 확신을 더해주었을 뿐이다.

러셀과 촘스키는 결코 무시할 수 없는 유능한 학자라는 유사점을 갖고 있다. 물론 촘스키가 풋내기 시절부터 실질적인 위협을 가했다면 기성 권력집단은 그를 간단히 제거해버렸을 것이다. 그러나 러셀과 같은 거물의 경우에는 달랐다. 그를 투옥하고 비난하며 헐뜯고, 심지어 가르칠 권리를 빼앗을 수는 있었지만 그를 쉽게 제거할 수는 없었다. 지금의 촘스키도 그렇다. 권력집단을 철저하게 분석한다는 점이 두 사람의 강점이고, 직업도 없고 교육도 받지 못해 세상물정을 모르는 아나키스트가 지배계급에 속한 가짜 자유주의자보다 훨씬 상식적이라 솔직하게 말한 것도 그들만의 강점이었다.

1918년 러셀은 '사회주의, 아나키즘, 노동조합주의'라는 부제를 단 《자유를 향한 길 *Roads to Freedom*》을 발표했다. 이 책에서 그는 노자老子의 말을 인용했다.

생산하지만 소유하지 않는다
행동하지만 자기주장을 내세우지 않는다
발전하지만 지배하지 않는다

로커의 책 《아나키즘과 아나키즘적 생디칼리즘 *Anarchism*

*and Anarcho-Syndicalism*》에서 〈아나키즘의 철학의 역사: 노자부터 크로포트킨까지〉란 제목의 장이 있다는 점에 주목할 필요가 있을 듯하다. 따라서 로커와 러셀과 촘스키 모두 위에서 인용한 노자의 말을 아나키즘의 강령으로 받아들였다고 말해도 과언은 아닐 듯싶다. 하지만 러셀은 1948년에 발간된 《자유를 향한 길》 3판 서문에서 아나키즘에 대한 과거의 입장에서 약간 물러섰다. 아나키즘에 지나친 자유를 허용한다는 이유였다. 러셀은 자유를 누릴 만한 인간의 능력에 환멸을 느꼈고, 인간이 책임 있게 자유를 누릴 수 있다는 부질없는 생각을 '의도적 무지wilful blindness'라 칭했다.[11] 하지만 촘스키는 낙관적 기대감을 버리지 않았다.

# 언어학자이자 정치적 행동주의자

한편 촘스키는 자유를 향해가는 여정에서 많은 좌절을 맛보았다. 고등학교에 진학했을 때 첫 좌절을 겪었고, 대학에 입학해서도 마찬가지였다. 그는 중학교까지 듀이식 교육을 받았다. 그가 다닌 오크 레인 카운티는 많은 점에서 러셀이 영국에 세운 비컨 힐Beacon Hill 학교와 비슷했다. 그러나 고등학교의 교육 방식은 통제적이고 억압적이었다. 당시에는 대개 학교가 그러했다. 펜실베이니아 대학교에 입학해서도 과학과 상식을 접목해 가르치던 두 교수를 만날 때까지 사정은 크게 달라지지 않았다. 한 사람은 아랍어를 가르친 조르조 레비 델라 비다Giorgio Levi Della Vida로 '이탈리아 출신의 반파시스트 망명자'였고,[12] 다른 한 사람은 젤리그 해리스

였다. 해리스는 촘스키에게 정치적 견해로 깊은 인상을 심어
준 덕분에 촘스키를 언어학자의 길로 인도할 수 있었던 것으
로 알려진다. 정치적 행동주의자이던 해리스와 델라 비다는
촘스키의 이상과 정치적 행동주의에 적잖은 영향을 미쳤다.

  젤리그 해리스가 미국, 좀더 확장하면 이스라엘에서만 보
편적으로 찾을 수 있는 유대인 행동주의자의 모범으로 여겨
지는 이유를 잠깐 살펴보자. 유대인의 역사 전체를 '행동주
의activism'로 규정할 수 있고, 이스라엘 건국이 그들의 역사
에서 유례를 찾아볼 수 없는 행동주의의 결실이었다는 것을
부인할 사람은 거의 없을 것이다. 해리스는 당시 유대인 문
제에 적극적으로 개입할 수밖에 없는 처지였다. 바스키는
《촘스키, 끝없는 도전》에서 해리스라는 인물과, 그가 여러
유대인 운동조직에 광범위하게 참여하게 된 동기 등을 면밀
하게 추적했다.[13] 해리스와 그가 속한 조직은 아랍인과 유대
인이 팔레스타인에서 하나로 더불어 살아야 한다고 주장했
다. 달리 말하면, 유대인만의 국가 분리를 요구하지 않았다.
그러나 이런 주장은 아무런 영향을 미치지 못하고 이스라엘
이 건국되고 말았다. 물론 러셀처럼 환멸에 사로잡혀, 해리
스의 입장이 '의도적 무지'였다고 주장할 사람도 없지 않을
것이다. 그도 그럴 것이, 아나키스트는 맹목적으로 자유를

외쳤기 때문이다. 따라서 오웰처럼 많은 유대인이 팔레스타인으로 달려가 대의를 위해 싸우다 죽었어야 했다.

그러나 정반대의 입장에 섰던 사람들, 즉 분리된 시온국가를 주장하던 사람들만이 팔레스타인으로 달려가 온 힘을 다해 아랍인과 싸웠고 마침내 뜻을 이루어냈다. 오늘날까지 이런 양상은 조금도 변하지 않아, 해리스의 해결법을 줄기차게 주장하는 촘스키를 곤혹스럽게 만든다. 물론 유대국가가 건국되면서 사태가 더욱 악화된 것은 사실이다. 그때만 해도 해리스의 해결법은 무척 비정통적이기는 해도 그런 대로 합리적인 제안이란 평가를 받았다. 그러나 오늘날 촘스키가 제안한 해결법이 해리스와 똑같은데도 유대인의 이익을 저버린 무분별한 배신으로 여겨진다.

물론 촘스키는 여전히 낙관적이다. 이스라엘을 방문할 때마다, 아랍인과 유대인이 더불어 행복하게 살아가는 통일된 팔레스타인을 주장하는 소수의 동조자들에게서 용기까지 얻는다. 그들이 목소리를 지나치게 높이면, 더욱이 그들이 아랍인이면 목숨을 걱정해야 한다. 그런데 촘스키의 지적에 따르면, 이런 행동주의가 미국보다 이스라엘에서 더 관대하게 용인된다. 따라서 이스라엘에서 활동하는 유대인 반정부 인사들은 서구 세계의 반정부 인사들보다 더 편하게 살아가고,

언어폭력을 제외하면 어떤 위협도 받지 않는다. 물론 점령지역에서 군복무를 거부하면 형벌을 받지만, 미국의 반정부 인사들이 받는 수모에 비하면 아무것도 아니다. 거듭 말하지만, 이스라엘에서 유대인과 아랍인에 대한 대우는 확연히 다르다.

법적인 억압보다 물리적 억압이 앞서는 곳에서 직면해야 하는 실질적 위험에 대해 촘스키는 항상 겸손한 자세를 잃지 않았다. 하지만 직업의 이해관계를 떠나 뭔가를 해야 한다는 생각 자체가 전문직 종사자이거나 노동자이거나 유대인에게는 유서 깊은 전통이다. 따라서 촘스키가 유대인이란 사실을 보여주는 가장 확실한 방법은 자연스럽게 뭔가를, 예컨대 정치적 행동주의자가 되는 것이었다. 그렇다고 촘스키가 그런 생각에서 정치적 행동주의자가 됐다는 뜻은 아니다. 하지만 결국 그는 언어학자라는 직업 이외에 정치적 행동주의자가 되겠다고 결심했다. 젤리그 해리스가 두 역할을 선택하는 데 촉매 역할을 한 것으로 여겨진다.

# 반전운동에서부터 시작

촘스키는 MIT 교수로 임용되면서 기성사회의 일원이 됐다. 그러나 촘스키와 캐롤은 나이 때문에 남다른 입장에 처했다. 격동의 1960년대에 그들은 히피가 되기엔 나이가 너무 많았고, 기성세력과 어울리기엔 너무 어렸다. 그들은 중간에 끼인 존재, 정치적으로 표현하면 약간은 불편한 '중도middle ground'였다.

그러나 1962년 미국이 베트콩과 전면전을 시작하면서 사태가 급변했다. 촘스키는 정치적 행동주의자가 되기로 결심했다. 그로 인해 가족의 삶이 큰 영향을 받고, 자신의 삶 자체가 전반적으로 불편해진 것으로 알 수 있듯이, 무척 어려운 결정이었다. 게다가 더 많이 일하고 여행도 자주 해야 한다는 뜻이었고, 정치에 무관심한 학계에서 따돌림을 받을 수도 있었다. 결심을 굳힌 후 촘스키는 항의 집회에 적극적으로 참여하기 시작했다. 그의 회고에 따르면, 전쟁에 대해 처음 강연한 곳은 교회 아니면 누군가의 거실이었다. 그의 강연에 관심을 보인 사람은 거의 없었다. 노동조합에 가입하고 민주당원인 젊은 부모들이 주된 청중이었다. 진정한 행동주의자답게 촘스키는 이런 현상에 조금도 기죽지 않았다. 오히려 세상의 소금과도 같은 사람들을 만난다는 기분에 더 용기를 냈다. 한 사람이라도 교육시킨다면 아무것도 하지 않는 것보다 낫다는 생각이었다. 훌륭한 선생이라면 누구나 말하듯이, 모든 변화는 작은 것에서 시작되는 법이다. 나중에는 점점 정치적 성향을 띠어가며 자신감에 넘치는 학생회의 주선으로 대학에서도 강연하게 됐다.

그런 와중에도 촘스키는 충직한 학자답게 자신의 정치관과 언어학 교실을 엄격하게 구분했다. 그렇다고 그가 학과 범위 밖의 과목을 가르치는 데 소홀히 한 것은 아니었다. 인문학 교수들과 손잡고, 사회·정치적 쟁점을 다루는 비공식 강좌를 운영했다. 예컨대 '지식인과 사회의 변화' '정치와 이데올로기' 등의 강좌였다.[14] 다행히 MIT는 촘스키와 같은 반정부 인사를 억압하지 않아, 촘스키는 교수들에게서 따돌림을 받지 않았다. 물론 예외가 없지는 않았지만 교수들이 촘스키 의견에 동조한 것은 아니었다. 그렇지만 MIT에서는 진정한 학문의 자유를 누릴 수 있었다. MIT는 촘스키가 반역죄로 기소될 정도로 서슴없이 행동주의를 실천하던 때 그를 교수로 승진시켰고, 나중에는 MIT의 최고 명예인 인스티튜트 프로페서가 되게 했다.

1960년대 롤러코스터처럼 불안한 세상이 되자, 일부 학자들 사이에서는 좌파라고 밝히는 것이 유행처럼 돼버렸다. 마르크스주의자가 괜스레 멋져 보였다. 티모시 리어리(Timothy Leary, 미국 심리학자)처럼 반문화의 기수가 되려면 캘리포니아의 버클리에 가서 연좌농성을 하고, 인간애를 고취하기 위한 사랑의 모임에도 참석하며 학교를 도중에 그만둬야 했다. 이런 환상에 취한 듯한 반문화 운동이 확산되면서, 민중의 힘이란 새로운 현상에 주목하는 신생 조직들이 자신들이 주최한 정치 행사와 시위에 촘스키를 강연자로 찾기 시작했다. 촘스키의 회고에 따르면, "처음 치른 대규모 대중 집회는 1965년 10월 보스턴 커먼 공원에서 열린 행사였다."[15] 촘스키는 강연자로 예정돼 있었지만, 베트남전쟁을 찬성하는 군중이 시위대를 공격했다. 지역 언론은 이 사건을 대서특필하며 시위대와 촘스키를 격렬하게 비난했다.

1965년 기자회견장에서 베트남 지도를 펴놓고 브리핑하는 로버트 맥나마라 국방장관.

1960년대 학생들의 저항운동이 점점 활동 범위를 넓혀가면서 학생들과 촘스키 사이에 야릇한 경계선이 생기기 시작했다. 촘스키가 소비에트식 마르크스주의와 그 분파들을 격렬히 반대했기 때문이다. 촘스키를 단순히 저항가로만 여겼던 사람들에게는 이해하기 힘든 경계선이었다. 따라서 촘스키는 학생운동의 아이콘이 되지는 못했다. 하지만 많은 급진적 학생은 촘스키를 당연히 자신들의 편이라 생각했고, 촘스키가 아나키스트라는 언질을 주는 것만으로도 흥분감에 휩싸였다. 한편 기성집단은 촘스키가 자신들과 같은 집단의 일원이지만 언젠가 자신들의 내부를 폭로할 것이란 두려움 때문에 그를 가장 두려운 적으로 여겼다. 정확히 말하면, 촘스키가 특권을 누리는 위치에 있었기 때문에, 만에 하나라도 폭로를 하는 불상사가 생기면 사태가 심각해질 것이 뻔했다. 게다가 촘스키는 혼자가 아니었다. 닉슨 대통령 시절에 작성된 파렴치한 정적 명단을 보면 그런 '내부의 적'이 수백 명에 이르렀다. 촘스키는 물론이고, 당시 하버드 교수 갤브레이스 John Kenneth Galbraith도 그 명단에 있었다.

동료 행동주의자 폴 라우터Paul Lauter와 완전히 의기투합한 것도 촘스키가 정치적 행동주의자가 되는 데 큰 영향을 미쳤다. 라우터는 평화연구소 소장 겸 시카고 지역 평화교육 사무국장으로 근무하면서, 아메리카 프렌즈 봉사단(American Friends Service Committee, 미국 퀘이커 교도의 사회 활동 단체−옮긴이)에서도 활동했다. 그 기간에 라우터는 민주사회를 위한 학생연합(Students for a Democratic Society, SDS)에서 적극적으로 활동하며《양심적 병역 거부자를 위한 안내서》를 썼다. 1964년과 65년 여름에는 체스터와 미시시피의 민권운동에도 열심히 참여했다. 그 후에는 학생 전국 조정위원회(Student National Coordinating Committee, SNCC)의 회원들과 함께 지냈다. 미국군인기금 상임이사였고, 페미니스트 프레스(The Feminist Press, 뉴욕시에 있는 비영리 교육기관) 창립자 중 하나로 그곳에서 14년간 재무이사로 있었다.[16]

라우터와 촘스키는 한스 코닝(Hans Koning, 작가이자 정치 저널리스트), 리처드 오먼(Richard Ohmann, 문학사가), 웨인 오닐(Wayne O'Neil, MIT 언어학 교수) 등과 같은 행동주의자들과 함께 '레지스트RESIST'라는 조직을 결성했다. 레지스트 홈페이지를 보면 요즘도 이런 글이 있다.

> 레지스트의 선언문은 1967년에 발표됐다. 서명했다고 자동으로 회원이 되지는 않지만 2만 명 이상이 서명한 이 선언문은 《뉴욕 타임스 리뷰 오브 북스The New York Times Review of Books》와 《네이션The Nation》을 비롯해 여러 대중매체에 실렸다. 이 〈저항의 목소리〉에 서명하는 행위는 경범죄였고, 따라서 서명한 사람들은 형사 고발의 위험을 감수해야 했다. '불법적인 당국에 저항하는 목소리'인 이 선언문은 벤저민 스폭, 미첼 굿먼, 윌리엄 슬론 코핀을 비롯한 반전 행동주의자를 기소하는 증거로 악용됐다.[17]

베트남전쟁을 반대한 선언문의 9조를 보면,

선의를 가진 모든 사람에게 비도덕적인 당국과 벌이는 이 투쟁에 동참해주길 촉구하는 바이다. 특히, 대학에는 계몽의 소명을 충실히 실천하고, 종교단체에는 형제애라는 유산을 지켜가기를 촉구하는 바이다. 지금은 저항할 시간이다![18]

합리적이지만 타협하지 않겠다는 굳은 의지가 엿보이고, 사회를 떠받치는 기둥인 대학과 교회에 대의의 길을 걸으라고 촉구하는 목소리가 귓가에 들리는 듯하다. 사회를 떠받치는 기둥들을 모조리 뽑아버리겠다는 급진적이고 과격한 학생운동의 방향과는 확연히 달랐다. 이런 기성세력이 우려의 목소리를 적극적으로 높이지 않았더라면 당시 미국 정부는 학생들의 목소리를 무시하고 말았을 것이다.

레지스트는 선언문을 발표한 것으로 만족하지 않았다. 실질적인 저항조직을 결성하는 데도 적극적이었다. 물론 레지스트가 저항운동에 관여한 유일한 조직은 아니었다. 예컨대, 1967년 10월 21일에 일어난 사건은 레지스트와 직접 관계는 없었다. 펜타곤 외곽을 행진하던 시위대가 헌병대와 충돌했고, 헌병대는 최루가스를 살포하며 시위대를 체포했다. 당연히 그 시위와 관련되지 않았던 단체들까지 분연히 일어났다.

그로 인해 미국 반정부운동의 역사에서 기념비적인 사건이 시작되었다. 반전 시위에 적극적으로 참여해 촘스키와 함께 구치소에서 하룻밤을 보낸 노먼 메일러는 훗날 이 사건을 《밤의 군대》라는 작품으로 그려냈다. 메일러는 촘스키에게서 받은 인상을 "남달리 헌신적인 선생 촘스키는 월요일 강의를 휴강해야 한다는 생각에 불안한 듯했다. (…) 고행자처럼 가냘픈 얼굴에 이목구비가 날카로웠고, 온화하지만 도덕적인 분위기를 풍겼다"고 기록했다.[19]

촘스키와 메일러 등은 다음 날 석방됐다. 그러나 주 정부는 본보기를 남겨야 했다. 대배심은 항의자 5명('보스턴의 5적'으로 불린 벤저민 스폭, 윌리엄 슬론 코핀, 라스킨, 퍼버, 미첼 굿먼)을 기소했지만 그중 누구도 레지스트 회원은 아니었다. FBI의 희한한(?) 기준에 따라 선별된 듯했다. 펜타곤 시위에 참여한 것이 그들의 재판과 관계 있다는 증거는 없었다. FBI는 레지스트 선언문이 발표된 기자회견장에 참석하고, 펜타곤 시위가 있었을 때 법무부에 징병 카드를 반납하려 한 사람들을 찍은 듯했다. 징병 카드의 반납이야말로 진정한 저항이었지만 펜타곤 시위와는 별개의 사건이었다. 여하튼 스폭, 코핀, 굿먼은 두 조건을 충족시켰다. 그러나 스폭과 코핀은 레지스트나 저항운동과는 아무 관련이 없었다.

그저 언론의 관심을 끌어내는 데 도움을 주려고 레지스트의 요청에 따라 기자회견장에 참석했을 뿐이다. 촘스키가 기소 대상자로 찍히지 않은 이유가 우습기만 했다. 징병 카드가 반납되는 시간에 촘스키는 법무부 건물 앞 계단에서 시위대를 지지하는 연설을 하고 있었기 때문이다.

한편 라스킨은 FBI가 아트 와스코Art Waskow로 착각하는 바람에 기소됐다. 기소된 5명 중 굿먼만이 저항운동과 실제 관계가 있었다. 법정에 선 보스턴의 5적 중 가장 유명한 사람은 《젖먹이와 아동을 돌보기 위한 상식 *Baby and Child Care*》의 저자인 벤저민 스폭 박사였다. 영국의 행동주의자인 제시카 미트포드Jessica Mitford가 쓴 《스폭 박사의 재판 *The Trial of Dr. Spock*》(1969)에 따르면, 스폭 박사는 유죄 판결을 받았지만 항소해서 무죄로 석방됐다. 한 인터뷰에서 촘스키는 이 소동을 다음과 같이 요약했다.

모든 것이 한 편의 희극 오페라 같았다. 우리는 대중 행사를 열 때마다 벤저민 스폭과 윌리엄 코핀에게 참석해달라고 요청했다. 그들은 언론에 자주 비춰 기자들을 끌어모을 만한 인물이었기 때문이다. 그들은 기꺼이 우리 요청을 따라 주었다. 모두가 징병 카드를 들고 법무부로 들어갈 때 나는 법무부 건물 밖에 모인 군중에게 열변을 토하고 있던 중이라 그들과 함께 들어갈 수 없었다. 그래서 기소되지 않았다. 다른 이유는 없었다. 그런데 징병 카드를 보스턴에서부터 모아 펜타곤까지 가져온 사람은 바로 나였다. 하지만 FBI는 졸속으로 조사해서 그런 사실을 전혀 밝혀내지 못했다.[20]

# 제국주의 미국을 파헤치다

촘스키는 정치적 행동주의자로서 연설하고 강연한 것을 자세히 기록해두는 재주가 있었다. 강연 내용을 뒷받침할 조사 자료를 기록한 양도 어마어마했다. 곧 그는 행동주의 저술가가 됐고, 그가 낸 책과 기사, 소책자는 어떤 행동주의자의 글보다 많은 독자에게 전해졌다. 행동주의자 집단 밖에 있는 보통 대중을 상대로 한 최초의 강연은 1966년 하버드에서 이루어졌다. 하필이면 힐렐(Hillel, 세계에서 가장 큰 유대인 대학생들을 위한 기관−편집자)의 집회에서였다. 이날의 강연은 1년 후에 《뉴욕 타임스 리뷰 오브 북스》를 통해 〈지식인의 책무Responsibility of Intellectuals〉라는 제목으로 소개됐다.[21] 1969년에는 펜타곤에서 연설한 것과 기고문을 모아 《미

국의 힘과 신관료들*American Power and the New Mandarins*》
이란 제목으로 출간하자는 제안을 받았다. 이 책은 유력한
정치 평론가로서 혹은 일부의 표현에 따르면 정치철학자로
서 촘스키의 등장을 예고한 것이었다. 따라서 이 책에 담긴
핵심 사상을 잠시 살펴볼 필요가 있을 듯하다. 그 사상에서
촘스키의 미래를 엿볼 수 있기 때문이다.

　이 책에 실린 8편의 시론 중 첫 편이 〈객관성과 학문의 자
유〉이다. 이 시론에서는 미국 외교정책을 좌우하는 '신관
료', 즉 대학 교육을 받은 테크노크라트와 정책 보좌관들을
다루었다. 촘스키 주장에 따르면, 그들은 지식인과 전문가인
체하면서 미국의 패권에 도전하는 나라나 지역에는 어떤 수
단을 동원해서라도 미국이 개입해야 한다고 주장하는 사람
들이다. 그 여파로, 학문의 자유를 표방한 학자들이 정부 정
책의 옹호자 역할을 하며, 그 증거는 '자유주의 역사학자들
의 뿌리 깊은 편견'에서 분명히 찾을 수 있다.[22]

　두 번째 시론에서는 미국의 외교정책이 근본적으로 제국주
의 성향을 띤다고 지적했다. 여기에서 촘스키는 베트남전쟁
을 벌인 미국을 1930년대 중국으로 군사력을 확대하던 일본
에 비교했다. 세 번째와 네 번째 장에서는 베트남전쟁을 직
접적으로 다루었다. 특히, 공산주의의 악령이 서구 문명으로

되돌아올 것이라는 도미노 이론을 거론하며 베트콩이 그 역할을 하리라는 미국 외교정책의 강박관념을 빈정거렸다. 그러나 엄밀히 따지면, 그런 강박관념에 사로잡힌 외교정책 때문에 베트콩은 스탈린식 방법을 택할 수밖에 없었다. 따라서 미국의 정책이 자기 발등을 찍은 격이었다. 아서 슐레진저 (Arthur Schlesinger, 역사학자)를 비롯한 미국의 일부 자유주의자가 미국의 정책이 잘못됐지만 도덕적으로는 옳다고 말하는 것도 촘스키는 못마땅하다. 그런 주장은 본말을 전도시킨 비논리적인 것이며, 결국 미국 외교정책의 근본적인 문제를 간접적으로 드러낸 것에 불과하기 때문이다. 촘스키는 "제3세계의 발전 방향을 미국이 일방적으로 강제로 결정할 권리는 없다!"고 주장한다.[23]

《뉴욕 타임스 리뷰 오브 북스》에 발표됐던 〈지식인의 책무〉도 한 장을 이루고 있는데, 여기에서 촘스키는 서구 세계의 지식인들을 스탈린의 인민위원, 사기꾼, 위선자로 칭하면서 가차 없이 비판했다. 이런 비판은 많은 면에서 타당하며, 이러한 촘스키의 비판으로 '지식인'이란 단어가 당장에 사라지거나 추잡한 뜻을 지닌 단어로 추락할 가능성도 거의 없다. 얄궂게도 촘스키를 다룬 거의 모든 책에서도 "촘스키는 우리 시대의 손꼽히는 지식인 중 하나"라고 선전하고 있지

공산주의자로 의심받아 미군에 구금된 베트남 농민들. ⓒ U. S. Army Photograph(Wikipedia public domain)

않은가!²⁴《미국의 힘과 신관료들》마지막 장에서 촘스키는 인간적 가치를 조금이라도 되살려내기 위해서 지식인을 비롯해 우리가 모두 해야 할 일을 분명한 목소리로 말했다. "저항하라!"고. 다만 그 '저항'은 비폭력적이어야 한다. 촘스키는 그 대표적인 예로 징병 거부를 들었다.

《미국의 힘과 신관료들》은 미국 안팎에서 뜨거운 반응을 얻었다. 그러자 이 책이 베트남전쟁의 성패에 영향을 미칠 수도 있는, 반정부적인 책으로 성공할 조짐까지 보였다. 이 책이 출간된 지 1년 후인 1970년, 촘스키는 반전운동가로 하노이를 방문했다. 그리스도교 연합교회 목사인 딕 페르난데스Dick Fernandez와 코넬 대학교 경제학과 교수인 더글러스 다우드Douglas Dowd와 함께였다. 하노이의 폴리테크닉 대학에서, 시골로 피신했던 사람들이 돌아올 수 있는 폭격 중단 기간에 폭격당하지 않고 남아 있는 건물에서라도 강연해달라고 요청해왔기 때문이다. 촘스키는 그때의 상황을 《아시아와의 전쟁At War with Asia》(1971)에서 자세히 설명했다. 하노이로 넘어가기 전에 촘스키는 라오스에 있는 피난민캠프에서 상당한 시간을 보내며 많은 사람을 인터뷰했다. 그들은 CIA의 용병부대에게서 오랫동안 심한 폭격을 받아 결국 시앙쿠앙 고원에서 쫓겨나온 피난민들이었다.

그 무렵 미국 행정부는 승산 없는 전쟁에서 발을 빼기 위한 계획을 차근차근 진행시키고 있었다. 외부의 적 때문이 아니라 내부의 적 때문에 막강한 미국이 패했다고 주장하면서 베트남에서 패배한 것을 명예롭게 포장해줄 정치적 극단주의자들을 찾아 나섰다. 그러나 촘스키는《아시아와의 전쟁》에서 정반대의 주장을 펼쳤다. 즉, 미국은 전쟁의 주된 목표를 모두 이루었고 미국 기업계가 행정부에 전쟁을 그만 끝내라고 압력을 가해 그만두었다는 것이다.

미국 내에서 정치적 억압은 눈에 띄지 않지만 아주 효과적인 방법으로 자행됐다. 대표적인 예가 FBI가 실행한 코인텔프로(COINTELPRO, Counter Intelligence Program)다. 이것은 미국 내의 반정부 정치조직을 조사해 파괴하는 데 목적을 둔 프로그램이었다. 국내에서 이런 압력이 가해지자 미국의 행동주의자들은 그들이 가장 잘 아는 방식으로 저항했다. 요컨대 강연과 저술로 저항의 목소리를 높였다. 그중 한 사람이 바로 노엄 촘스키였다. 베트남전쟁으로 인해 호된 홍역을 치른 기업화된 언론이 비폭력 평화주의적인 반정부 인사를 이용해 얻을 수 있는 상업적 동기마저 무시하며 내부의 억압에 가담함으로써, 정치적 행동주의를 널리 알리는 데 문젯거리로 대두됐다. 따라서 촘스키와 동료 행동주의자들은 미국 언론과 국제적 하수인들이 억압적 프로파간다의 기계로 전락해버렸다는 사실을 폭로하는 데 상당한 노력을 기울였다 (4장 참조). 촘스키와 일부 동료들은 대안으로 협동조합식 출판 사업도 시작했다. MIT 학생회장을 지낸 마이크 앨버트 Mike Albert가 출판사 '사우스엔드프레스South End Press'와 온라인으로 운영되는 제트 매거진(Z Magazine, http:// www.zcommunications.org)을 차례로 세웠다. 두 매체에서 촘스키 책과 기고문이 많이 발표되었다. 특히 제트 매거진은 인터넷이 활성화되면서 다양한 형태로 정치적 행동주의를 확산시키는 데 주도적인 역할을 했다.[25]

베트남전쟁 기간에 자행된 가장 잔혹한 사건이 캄보디아 폭격이다. 닉슨 대통령과 그의 부관, 헨리 키신저는 1969년 부터 캄보디아를 폭격하기 시작했다. 그 후 4년 동안 B-29의 무차별적인 융탄폭격으로 무려 53만 9129톤이나 되는 폭탄이 이 나라에 떨어졌다. 2차대전 동안 일본에 투하된 폭탄양의 3.5배에 달했다. 캄보디아인 60만 명이 사망했지만 군사적으로는 아무런 효과를 거두지 못한 폭격이었다. CIA 보고서에 따르면, 그 폭격으로 크메르루주(캄보디아의 급진적인 좌익 무장단체—편집자)의 인기만 높아졌다고 한다. 미국의 기업언론은 이 사건에 대해 거의 보도하지 않았다. 따라서 이 무자비한 폭격은 '비밀 전쟁'으로 알려졌지만, 정치적 행동주의자들은 어떤 비극이 있었는지 정확히 파악하고는 모골이 송연해질 지경이었다.

촘스키와 에드워드 허먼Edward S. Herman은 이 사건을 세상에 자세히 알리기 위해 책 한 권을 썼다. 그 책에 《반혁명적 폭력: 대학살의 진상과 프로파간다Counter-revolutionary violence: Bloodbaths in fact and propaganda》라는 기막힌 제목까지 붙였다. 이 책은 1973년에 출간 준비를 끝냈지만, 워너 커뮤니케이션스(Warner Communications, 미디어·엔터테인먼트 기업)의 한 간부로 인해 저지당하고 말았다. 원고를 읽은 그 간부는 "존경받는 미국인들을 아무런 근거도 없이 상스럽게 비난한 거짓말투성이로, 명망 있는 출판사에서 낼 만한 책이 아니다"고 말했다고 한다.[26] 결국 이 책은 원래의 원고를 개정한 것에 다른 원고들까지 더해져 《인권의 정치경제학The Political Economy of Human Rights》(1979)이란 제목으로 사우스엔드프레스에서 출간되었다. 여기에서 원래의 원고 한 구절을 인용해보는 것도 좋을 듯하다.

그러나 근래의 역사를 대충 살펴보더라도 모스크바나 베이징과 마찬가지로 워싱턴에서도 폭력과 대량학살에 대한 관심이 무척 선택적이란 사실을 금세 알 수 있다. 심지어 일부 대량학살은 '선의', 심지어 긍정적이고 건설적인 사건이었다고 해석되는 듯하다. 지극히 특정한 사건만이 공개되며, 가증스럽고 마땅히 지탄받아야 할 사건으로 여겨진다. 예컨대 1970년 3월 CIA의 지원을 받아 캄보디아 우익이 쿠데타에 성공한 후 집권한 론놀은 농민의 지지를 끌어내리려고 지역 베트남 사람들을 겨냥해 대학살 계획을 꾸몄다. 그 잔혹한 학살 행위로 5000명 이상이 희생됐고, 강에 시신이 떠다닌다는 서양 특파원들의 섬뜩한 보도와 사진이 전송했다. 미국과 호찌민의 괴뢰 정부는 곧바로 캄보디아에 쳐들어갔지만, 대량학살을 중단하거나 희생자를 위해 복수하려는 침략이 아니었다. 오히려 전복될 위기에 처해 있던 학살자들을 지원하려고 국경을 넘은 것이다.[27]

4장에서 좀더 자세히 살펴보겠지만 촘스키와 허먼은 프로파간다의 도구로 전락해버린 주류 언론의 역할을 비판적으로 폭로하는 특유의 방식을 개발해냈다. 달리 말하면, 미국이 저지른 '대량학살'은 선의의 행위로 둔갑시키고, 국제 사회에서 호평(?)받는 적이 저지른 대량학살은 악의적인 사건으로 보도하는 주류 언론의 이중적 잣대를 호되게 비판한 것이다. 그 후로 촘스키의 정치적 행동주의는 이런 시각을 띠었다.

# '자유'를 위하여

촘스키가 정부 정책을 비판하는 글은 예전과 마찬가지로 주류 언론에서는 거의 보기 힘들다. 1967년부터 73년까지 글을 기고했던 《뉴욕 타임스 리뷰 오브 북스》가 드문 예외 중 하나였다. 그렇다고 촘스키만 특별한 대우를 받았던 것은 아니다. 당시 좌파에 속한 거의 모든 학자가 그 잡지에 글을 기고했다. 출판사 중에서는 판테온Pantheon 출판사만이 촘스키를 믿고 지지해주었다. 유럽에서는 폰타나Fontana 출판사가 미국 판테온 출판사에서 출간된 책들을 꾸준히 출간했다. 폰타나 출판사는 《아시아와의 전쟁》(1971), 《비밀 협상 정치인들 *The Backroom Boys*》(1973), 《국가 이성을 위하여 *For Reasons of State*》(1973), 《중동에서의 평화? *Peace in the Middle East?*》(1975)를 연이어 출간해 유럽에 촘스키라는 이름을 알리는 데 적잖은 역할을 했다.

《국가 이성을 위하여》에 실린 〈아나키즘에 대한 소고〉에서 촘스키는 자신이 표방하는 아나키즘적 생디칼리즘이 무엇인지 상세히 설명했다. 모든 새로운 세대는 새로운 변화에 대응할 수 있는 고유한 사회적 이론과 실천 방법을 개발해내야 한다고 주장했다. 하지만 오랫동안 이어온 사색과 행동의 결과로 우리가 현재의 위치에 이른 것이므로, 촘스키는 과거의 사회적 행동주의자들을 기꺼이 거론한다. 그 이름을 생각나는 대로 나열해보면 루돌프 로커, 미하일 바쿠닌Mikhail Bakunin, 게랭Daniel Guérin, 산티얀Diego Abad de Santillan, 펠루티에Fernand Pelloutier, 부버Martin Buber, 훔볼트Humboldt, 초기의 마르크스, 프루동, 푸리에Charles Fourier, 토크빌Alexis de Tocqueville, 판네쾨크, 피셔Adolph Fisher, 주히Augustin Souchy 등이다. 촘스키를 깊이 이해하고자 한다면, 이들의 저작 전부는 아니더라도 조금은 읽겠다는 노력이 있어야 한다. 촘스키가 추천하거나 명확히 언급한 아나키즘적 생디칼리스트들의 핵심적 사상을 조금이나마 맛보기로 하자.

아나키스트에게 자유는 추상적인 철학 개념이 아니다. 모든 인간이 천부적으로 부여받은 힘과 능력과 재능을 완전히 발현시켜 사회적 가치로 전환하기 위한 중요하고 구체적인 가능성이다. 이런 발전의 가능성이 보호를 빙자한 교회나 정치의 영향권에서 멀리 벗어날수록 인간다운 인격이 조화롭고 효율적이게 성장할 것이고, 그런 인격이 마음껏 성장하는 사회의 지적 문화를 가늠하는 잣대가 될 것이다.　　　　　　　　　　　　　　　　　　─로커[28]

아나키즘적 생디칼리스트는 사회주의적 경제 질서가 정부의 법령과 법규로 이루어지는 것이라 생각지 않는다. 특정한 생산 분야에 합당한 노동력과 지적 능력을 가진 노동자의 연대적 협력만이 사회주의적 경제 질서를 만들어 갈 수 있다고 확신한다. 달리 말하면, 독립된 집단과 공장, 산업의 여러 분야가 독자적인 경제적 유기체로 기능하며, 자유로운 상호 합의에 기초해 공동체 전체에 이익을 주는 방향으로 생산하고 분배하는 형식으로 생산자가 직접 모든 공장을 관리하고 운영할 때에야 사회주의적 경제 질서가 가능하다.　　　　　　　　　　　　　　─로커[29]

국가의 억압은 무관심하게 지나칠 일이 아니다. 혁명을

해서라도 국가와 담판을 지어야 한다. 그리하여 생산자에게 사회적 부를 안겨주는 혁명이라면 생산자가 적정한 분배를 직접 관리하기 때문에 국가가 특별히 할 일은 없다. 반면에 생산자에게 사회적 부를 안겨주지 않는 혁명은 거짓된 혁명이기 때문에 국가의 억압은 계속될 것이다.

— 산티얀[30]


나는 자유를 미친 듯이 사랑하는 사람이다. 인간의 지성과 존엄, 행복이 싹트고 커갈 수 있는 유일한 조건이 자유라 생각하기 때문이다. 국가가 용인하고 분배하며 조절하는 순전히 형식적인 자유는 자유가 아니다. 현실 세계에서 소수가 다른 모든 사람을 노예로 전락시켜 얻은 특권을 대변하는 끝없는 거짓말일 뿐이다.　　　— 바쿠닌[31]


고전적 자유의지 사상은 국가가 사회적 삶에 간섭하는 것을 반대한다. 인간에게는 자유와 다양성과 자유로운 연합을 향한 욕구가 있다는 사려 깊은 가정에서 나온 결론이다. 이런 가정에 따르면, "생산-임금 노동-경쟁-'소유하는 개인주의'라는 이데올로기"라는 자본주의적 관계는 근본적으로 반反인간적antihuman 관계로 규정돼야만 한다. 자유주의적 사회주의는 계몽시대의 자유주의적 이상을 계승한 사상으로 여겨져야 마땅하다.     —촘스키[32]

아나키스트는 모두 사회주의자이지만, 사회주의자라고 모두 아나키스트는 아니다.     —피셔[33]

원칙에 충실한 아나키스트라면 생산수단의 개인적 소유를 반대하고, 생산의 한 부분으로 전락한 임금 노동을 반대해야 마땅하다. 노동이 생산자의 관리하에서 자유롭게 행해져야 한다는 원칙과 양립할 수 없기 때문이다.

—촘스키[34]

부르주아의 질서하에서 뼈 빠지게 일하는 노예가 주인에 맞서 폭동을 일으키면, 문명과 정의로 포장된 그 질서의 진면목이 여지없이 드러난다. 문명과 정의가 잔혹하고 무자비한 양심에 불과했다는 진실이 백일하에 드러난다. (…) 군인들의 극악무도한 행위에서 부르주아 사회가 돈이면 뭐든지 하는 사람들의 문명이란 사실을 읽어낼 수 있다. (…) 부르주아들은 전투가 끝난 대학살의 현장을 흐뭇하게 바라보지만, 무너진 건물을 보고는 재산을 잃었

다는 생각에 부들부들 떤다.                    —마르크스[35]


지배 이데올로기는 지금까지 국가사회주의나 국가자본주
의 둘 중 하나였다. 그런데 국가자본주의가 미국에서는
점점 군국주의적 성격을 띠어가고 있다.        —촘스키[36]


'경제적 착취와 정치사회적 노예화의 저주로부터 인간을
해방'시키는 문제는 우리 시대에도 여전히 문젯거리다.
이 문제가 해결되지 않는 한, 자유주의적 사회주의의 원
칙과 혁명적 실천은 우리에게 영감을 주는 안내자 역할을
할 것이다.                                —촘스키[37]

# 중앙아메리카 분쟁지역으로

1980년대, 레이건의 시대는 실낱같이 남았던 낙관적 희망마저 빼앗아가 버렸다. 여기에서 미국의 외교정책이 중앙아메리카에 안긴 재앙과 이에 대한 촘스키의 대응을 잠시 살펴보자. 라틴아메리카에 대한 지난 세기의 정책들, 예를 들어 1973년 칠레에서 저지른 아옌데(Allende, 쿠데타를 일으킨 군부에 살해된 칠레 대통령—편집자) 암살과 "무책임한 국민 때문에 한 나라가 공산국가로 전락해가는 것을 방관할 수는 없다"는 키신저의 발언이 레이건 행정부에서 되살아났다.[38] 레이건 정부는 사악한 공산주의자와 사회주의자, 아나키스트가 니카라과와 엘살바도르에 모여들고 있다고 주장했다. 파시스트 세력인 콘트라(반혁명분자를 뜻하는 'Contrarevolucionario'

의 약어. 니카라과에서 혁명으로 탄생한 산디니스타 정권에 대항하던 반혁명 게릴라 세력—옮긴이)는 미 해병대 장교 올리버 노스Oliver North의 책임하에 CIA로부터 훈련받고 군사장비까지 지원받았다. 적어도 그 일에서는 노스 대령이 레이건의 앞잡이 노릇을 한 셈이다. 콘트라의 임무는 '사악한' 산디니스타 제국과 조금이라도 관계된 듯하면 무엇이나 찾아내서 파괴하는 데 있었다. 따라서 그들의 작전을 방해하는 가톨릭의 해방신학자와 수녀에게도 가차 없이 철퇴를 휘둘렀다. 항상 그랬듯이 미국 정부는 자기 발등을 찍고 있었고, 결국에는 중앙아메리카의 작은 나라 국민에게 전례 없는 고통과 아픔을 안겨주고 말았다.

촘스키는 저항의 목소리를 높이는 데 그치지 않고, 1980년대에 틈날 때마다 분쟁지역으로 달려가, 니카라과와 엘살바도르에서 자유와 더 나은 삶을 위해 투쟁하는 민중과 조직을 지원했다. 당시 니카라과의 수도 마나과는 미국의 지원을 받은 테러리스트의 잔혹 행위 때문에 고국에서 살지 못하고 피신한 작가와 신부, 인권운동가들의 피난처였다. 말하자면, 1930년대 파리와 비슷했다. 다양한 단체와 노동자 조직을 만나 현안 문제를 논의하면서도 촘스키는 아침이면 그 지역 대학에서 언어학을 강의했고, 오후에는 대중을 상대로 정치와 권력에 대해 강연했다. 특히 1985년에 1주일간 연속 진행한 강연은 훗날 사우스엔드프레스에서 《권력과 이데올로기: 마나과 강연 *On Power and Ideology: The Managua Lectures*》(1987)이란 제목으로 출간했다. 아침에 강연한 것들은 MIT 대학 출판부에서 《언어와 지식의 문제: 마나과 강연 *Language and Problems of Knowledge: The Managua Lectures*》(1987)이라는 제목으로 출간했다.

물론 촘스키는 1985년 이전에도 중앙아메리카에 관한 글을 많이 썼다. 그러나 《권력과 이데올로기》는 정치적 행동주의자들에게 특별한 주목을 받았다. 86년 당시 다니엘 오르테가Daniel Ortega가 만 2년 전부터 니카라과 대통령이었고, 레이건은 니카라과의 콘트라 반군을 '자유의 투사'라 칭하면서 불편한 심기를 감추지 않았다. 심지어 콘트라 반군을 미국 건국의 아버지들에 비교하기도 했다. 1986년, 미 군수품을 콘트라 반군에게 싣고 가던 항공기가 격추됐고, 유일하게 살아남은 미군 조종사가 사로잡혔다. 결국 미국 정부는 볼랜드 법안(Boland Amendment, 1982년 미 의회에서 통과된 "직접 혹은 간접적으로 니카라과에서 군사 또는 준군사 행동"을 지원하는 행위를 불법으로 규정한 법안—편집자)을 무시하고 콘트라에 군사 원조를 해온 사실을 고백했다. 이란에 무기를

이란-콘트라 사건에 대한 담화문을 논의하는 레이건. © White House Photo Office(Wikipedia public domain)

판 돈으로 군수품을 구입해 콘트라 반군을 지원했던 것이다. 그래서 이 비밀 작전은 '이란-콘트라 사건'으로 알려지게 됐다.[39]

촘스키처럼 이런 사건에 관심을 가진 행동주의자들에게 이 작전을 비롯해 레이건 정부가 니카라과에서 '악을 뿌리 뽑기 위해' 저지른 수많은 사건은 그야말로 횡재였다. 《권력과 이데올로기》에서 촘스키는 미국 외교정책의 기본 원칙을 다음과 같이 재정리했다.

미국 외교정책의 기본 원칙은 미국 기업이 돈벌이를 할 수 있도록 국제 질서를 조성하고 유지하는 것이다. 달리 말하면, 미국 기업과 그 해외 지사에 유리한 투자처를 보장하고 수출 시장을 확대하며, 자본의 이전 그리고 인적, 물적 자원의 착취를 허용하는 사회, 즉 '열린 사회'로 세상을 만들어가는 것이다. 결국 '열린 사회'는 미국의 경제적 침투와 정치적 통제를 허용하는 사회인 셈이다.[40]

다니엘 오르테가와 그의 측근들이 문을 조금이나마 닫으려 하자, 미국은 키신저 독트린에 따라 그 문을 부수고 들어갈 수밖에 없었다. '열린 사회'라는 그럴 듯한 용어는 지금도 광범위하게 사용되고 있다. 문자 그대로의 뜻과는 정반대의 뜻을 갖는 '웰well'의 기운을 물씬 풍기면서! 따라서 2005년 부시 대통령이 '악의 축'으로 지목한 이라크와 이란, 북한에 '열린 사회'의 혜택을 베풀려고 했던 것도, 미국 외교정책에서 그 나라들이 '닫힌 사회'로 규정돼 있다는 점을 고려하면 그다지 놀랍지 않다. 골칫덩이 쿠바와 같은 '닫힌 세계'가 미국의 코앞에 있다는 것이 미국 국무부에게는 견디기 힘든 강박관념이었다. 따라서 미국 주변에 포진한 다른 라틴아메리카 국가가 쿠바의 선례를 따를 조짐이 보이면, 미국은 어떤 희생을 치르더라도 막아야 했다. 심지어 그레나다처럼 아주 작은 섬나라까지 1983년에 침략을 당해야 했다(1983년 10월 미국이 자국민의 안전 확보, 민주주의와 법질서 수호를 명분으로 카리브 해의 작은 섬나라 그레나다를 침공한 사건. 실상은 1979년 집권에 성공한 이래 자주적 민족주의 노선으로 미국의 이해를 위협하는 그레나다 인민혁명정부PRG와 혁명 과정을 일거에 전복하는 데 있었다. 친미정권을 세운 후 미국은 1985년 6월 철수했다—편집자). 1985년 니카라과에서 촘스키는 미국 시민이란 것에 수치심을 느끼며 눈물까지 쏟았다.

미국에서 이 땅을 방문한 사람이 이 문제를 거론할 때는 고통과 깊은 회한을 느끼지 않을 수 없다. 150년 전 시몬 볼리바르Simon Bolivar는 "미국은 자유의 이름으로 우리 대륙을 괴롭히고 고문하는 듯하다"고 말했다. 이 말에 담긴 의미와 진실을 모든 미국인에게 올바로 전하지 못하는 우리의 무능함이 부끄러울 뿐이다. 또한 미국이 니카라과에서, 아니 니카라과에서만이 아니라 중남미에서 한 세기 전부터 역사적 소명인 양 자행했고 이제 와서 새로운 각오로 다시 시작한 이 잔혹 행위를 종식시키지 못한 우리의 무능함이 한없이 부끄러울 뿐이다.[41]

그레나다에 낙하하고 있는 미군. ⓒ United States Army(Wikipedia public domain)

　지극히 현실적인 촘스키의 목소리에서, 사태의 흐름을 바꾸지 못한 자신의 무력함에 대한 좌절감과 수치심이 역력히 읽힌다. 아옌데(칠레), 오르테가(니카라과), 비숍(Maurice Bishop, 그레나다) 같은 이가 어떻게 성공할 수 있었겠는가? 2006년 현재 차베스(베네수엘라)와 룰라(브라질)는 성공할 수 있을까? 미국이 쿠바를 침략해서 점령하지 않은 이유가 무엇이겠는가. 코앞에 있는 치명적인 적으로 쿠바를 선전해 미국 국민을 겁주려는 데 있다. 쿠바를 악마로 편리하게 써먹기 위한 전략이다. 따라서 '열린 사회'는 취약하기 때문에 테러리스트를 막으려면 선제공격을 비롯해 어떤 수단이라도 동원해야 한다고 평계 대기가 쉬워지는 것이다.

# 촘스키의 딜레마

라틴아메리카 사람들의 삶과 정치에서 가톨릭 교회와 그 역할은 중요하다. 반종교적 성향을 띤 많은 정치적 행동주의자는 가톨릭 교회가 문제의 일부라고 주장해왔다. 로커조차 "보호를 빙자한 교회나 정치의 영향권에서 멀리 벗어날수록 인간다운 인격이 조화롭고 효율적이게 성장할 것이다"고 주장했다. 따라서 촘스키가 반종교적인 발언은 거의 하지 않는다는 점이 약간 놀랍기는 하다. 오히려 그는 라틴아메리카에서 가톨릭 교회가 문제를 부분적으로나마 해결해줄 수 있으리라 기대한다. 촘스키는 1979년에 〈나치의 쌍둥이: 안보국가와 교회The Nazi Parallel: The National Security State and the Churches〉라는 도발적인 제목으로 발표한 시론에서, 라틴아메리카의 교회, 특히 브라질 교회는 나치를 반대한 독일 교회와 무척 유사한 방법으로 파시즘에 대항한다고 말했다. 공동 저자인 허먼과 함께 촘스키는 "나치 독일에서 조직화된 저항의 가장 강력한 기반은 교회였다. 교회는 나치의 테러에 가장 적극적이고 가장 효과적으로, 또 조금도 흔들리지 않고 일관되게 저항했다"고 주장했다.[42] 나치 지배 당시 바티칸과 독일의 가톨릭 교회가 나치와 종종 협력했다는 점에서 논란의 여지가 있는 주장이다.

1933년에 발표된 수치스런 콩코르다트(로마 교황청과 정부 간의 협약—옮긴이)의 제16조에 따라, 독일의 가톨릭 주교들은 "내 영적인 임무를 수행하고, 독일제국의 안녕과 이익을 위하여 나는 독일제국을 위험에 빠뜨릴 수 있는 해로운 행위를 피하기 위해 최선을 다할 것이다"고 맹세해야만 했다.[43] 영국의 역사학자인 존 콘웰John Cornwell은 《히틀러의 교황 Hitler's Pope》(2000)에서 이런 전반적인 얘기를 비판적으로 써 내려갔다. 프로테스탄트 교회가 히틀러에게 더 적극적으로 저항한 것은 사실이지만, 운신의 폭을 크게 넓히지는 못했다. 하지만 촘스키가 말했듯이, 라틴아메리카의 해방신학 자들은 완전히 달랐다. 때때로 그들이 주장하는 해방신학은 급진적 마르크스주의나 아나키즘적 생디칼리즘의 노선에 가까웠다. 요컨대 해방신학자들은 교황청의 규범에서 훨씬 벗어난 사람들이었다. 그러나 1978년 요한 바오로 2세가 교황으로 선출되면서 사태가 악화됐다. 오스트레일리아 녹색 좌파당Green Left의 배리 힐리Barry Healy는 당시 상황을 다음과 같이 요약했다.

보이틸라(요한 바오로 2세)보다 두 임기나 앞서 교황청의 수장을 지낸 요한 23세는 제2차 바티칸 공의회를 소집해서 교회를 혁신적으로 개혁한 까닭에 지금도 많은 가톨릭 신도에게 존경을 받는다. 당시의 개혁이 이른바 '해방신학'의 밑거름이 됐다. 제2차 바티칸 공의회 이후로 교회 전체, 즉 평신도와 성직자가 모두 '하느님의 백성'으로 하나라는 민주적 개념이 잉태됐다. 그러나 요한 바오로 2세가 교황이 되면서, 제2차 바티칸 공의회에 반발하는 반혁명적 기운이 싹트기 시작했다. 요컨대 시계 바늘이 거꾸로 돌아가면서, 교황청은 세계 전역의 해방운동가들에게 폭력적으로 대응하는 테러 정부와 연대하는 과거의 가톨릭으로 되돌아갔다.[44]

따라서 라틴아메리카에서 짧은 기간이나마 가톨릭 교회의

저항이 있었지만, 촘스키의 낙관적 평가를 전반적으로 받아들이기는 힘들다. 특히 촘스키와 허먼이 다음과 같이 말한 부분에서는 더더욱 공감하기 힘들다.

특히 가톨릭 교회는 사회적 변화를 요구하는 목소리를 점점 높였고, 가장 기본적인 인권을 보호하기 위해 많은 노력을 기울였다. 예컨대 투표권, 법의 적용을 공평하게 받을 권리, 물리적 학대를 받지 않을 권리, 더 나은 삶을 위해 조직을 결성하고 청원할 권리 등을 지키기 위해 최선을 다했다.[45]

비록 독일 파시스트에게서 영향을 많이 받은 라틴아메리카이지만 라틴아메리카에서 거의 전능한 힘을 가진 가톨릭 교회가 정말로 그런 노력을 기울였다면, 니카라과와 엘살바도르를 비롯해 라틴아메리카의 20세기 역사는 훨씬 나아졌을 것이다. 그러나 촘스키는 그런 비판을 거부하며, 해방신학이 지상에서 가장 강력한 국가의 지원을 받고 더욱이 바티칸의 암묵적인 지지까지 받은 국가 테러를 극복하기에는 역부족이었다고 지적한다. 촘스키는 1988년에 발표한 시론 〈중앙아메리카: 다음 단계Central America: The Next Phase〉에서 주장한 것처럼, 모든 책임을 미국 정부에 돌린다.

미군의 니카라과 공격은 앞으로도 계속될 것이다. 《워싱턴 포스트》의 편집자들과 여러 평화주의자가 요구한 것처럼, 니카라과를 '중앙아메리카식'으로 바꾸고 '지역의 표준'에 억지로 꿰맞추기 위한 조치들도 취해질 것이다. 이데올로기 전쟁이 새로운 국면에 접어들 것이다. 과거에 '자유 언론Free Press'의 역할은 산디니스타를 악마로 전락시키고, 미국 정부가 수립하고 지원하는 테러 국가를 찬양하는 것이었다. 중립적 입장을 유지하려는 니카라과의 노력을 억누르고, 중앙아메리카의 모든 나라가 의지할 수밖에 없는 니카라과와 우리와의 경제적 관계를 중단하고 다른 나라로부터 원조받는 것까지 차단해서 니카라과를 소비에트의 위성국가로 전락시키려는 미국 정부의 정책을 억누르는 데 있었다. 또 중앙아메리카가 의미 있는 민주주의와 사회 개혁을 추진할 가능성을 파괴하는 식으로 행동했을 때는 미국 정부가 중앙아메리카에 민주주의가 확립되도록 도와야 한다는 원칙을 유지하도록 견제하는 것이었다. 자유 언론은 그런 역할을 일사분란하게 성공적으로 해냈다. 협정이 유명무실해졌을 때(1987년 8월~

1988년 1월), 자유 언론의 최우선 과제는 니카라과에 그 책임을 뒤집어씌워 미국의 다른 위성국들이 협정을 위반해도 보복받지 않도록 하는 것이었고, 협정을 침해한 미국의 행위를 덮어 감추며, 그런 행위가 계속될 수 있도록 검증 장치를 제거하는 것이었다. 미국 정부의 완벽한 승리라는 이런 목표도 성취됐다.[46]

한결같이 올바른 지적이다. 그러나 지역마다 미국에 협조한 세력이 약간 있었을 뿐이라고 상식적으로 판단하지 않았다. 어쨌든 콘트라는 지역 무장 세력이었지만 착한 가톨릭 신자들이기도 하지 않았는가. 물론 촘스키는 이런 지적에, 지역마다 침략군에 협조하는 많은 부역자가 있었더라도 헝가리나 아프가니스탄에 주둔한 러시아에 대해서, 또 프랑스와 네덜란드를 점령한 나치 독일에 대해서 똑같이 말할 수 있을 것이라며 부당한 비판이라 생각할 것이다. 그러나 제국주의적 침략이 있을 때마다, 침략당한 나라에서는 언제나 부분적으로 내부의 충돌이 있었던 것은 사실이다.

국민 모두가 마땅히 의심을 품어야 하고, 착한 사람을 나쁜 사람으로 전락시키는 것은 체제라는 촘스키의 이론에 동의하더라도 여전히 해결할 수 없는 딜레마가 있다. 파시스트를 완전히 제거할 수는 없으니, 남은 잔당이 체제를 변화하거나 철폐하려는 우리 노력을 방해할 것이기 때문이다. 이 위험한 게임에서 교회는 당연히 선한 역할을 맡을 테고, 때로는 급진적 개혁가의 편에 설 것이다. 그러나 기존 세력의 한 축이며, 끔찍한 체제를 지지하는 라틴아메리카 교회에 대한 촘스키의 낙관적 판단에 우리는 의문을 제기하지 않을 수 없다. 촘스키는 정통 유대교 가정에서 자랐기 때문에 이스라엘 안팎에서 정치까지 좌지우지하려는 유대교의 광신적 믿음을 신랄하게 비판할 수 있었겠지만, 미국에 만연된 기독교 근본주의의 혐오스런 모습을 똑같은 정도로 비판하지는 못했다.

이쯤에서 미국 가톨릭 교회에서 곪아 터진 소아성애 사건과, 재정적 지원을 빌미로 미국 가톨릭 교회가 라틴아메리카에 영향력을 행사한다는 사실을 언급해두지 않을 수 없다. 최근에 잇달아 발표된 보고서에 따르면, 근본주의적 성향을 띤 미국의 비가톨릭계 기독교 교회도 선교 활동을 강화하면서 라틴아메리카에 커다란 영향을 미치고 있다. 선교 활동에는 언어를 통한 선교 전략도 포함돼 있다. 예컨대 텍사스에 본부를 둔 하계 언어학 연구소(Summer Institute of Linguistics, SIL)는 성경을 지역 언어로 번역해, '미국의 간섭'이란 반가운 소식을 지역민에게 전하는 데 앞장서고 있다.

그러나 촘스키는 기회가 있을 때마다 기독교 근본주의를 호되게 비판했고, 해방신학처럼 칭찬받아 마땅한 활동을 제외하고는 가톨릭 교회의 활동을 찬양한 적이 없다고 주장한다. 이에 대한 진실이 뭐든 간에, 촘스키의 정치적 행동주의에서는 그 밖에도 우리의 관심을 끌 만한 많은 업적이 있다.

촘스키의 행동주의는 크게 세 지역에서 이루어진다. 첫째는 그의 행동주의에서 뼈대라 할 수 있는 팔레스타인과 중동이다. 다음으로는 동티모르다. 이 나라들에서 촘스키는 지구의 먼 구석에 있는 나라를 대신해 그 나라의 정치와 사회의 정의를 위해 싸우는 헌신적인 인권운동가로 비춰진다. 끝으로 이 시대를 혼란에 빠뜨린 소용돌이, 즉 9·11사태와 '테러와의 전쟁'에 뛰어든 촘스키를 조명해볼 것이다.

# 팔레스타인-이스라엘 분쟁에서
# 미국이 원하는 건 자원

촘스키가 정치적 행동주의자로서 줄곧 예의 주시했던 지역
이고, 지금도 재앙에 빠져 있는 곳이다. 이 지역에서 벌어지
는 투쟁은 그의 개인적 삶과 밀접한 관계가 있다. 촘스키는
아랍인(팔레스타인인)과 유대인이 하나의 국가에서 협조하며
더불어 살아야 한다고 생각하는 소수파에 속했다. 그러나 정
치적 현실에 양보해서 그도 동등한 권리를 보장하는 조건하
에서 두 국가의 가능성을 고려하기도 한다. 1974년 이후 발
표한 글에서 끊임없이 강조했듯이, 이스라엘은 요르단 근처
에 단일국가 안에서 두 민족이 연방 형태로 공존할 기회를
1974년에 상실하고 말았다. 그 후 유일한 단기적 처방은 두
국가 건설이란 국제적 합의였지만, 이 합의가 마련된 1970년

대 중반 이후로 미국은 두 국가의 건설을 끊임없이 방해하고 나섰다.

두 국가 건설은 합리적이고 인도주의에 바탕을 둔 훌륭한 대안이었다. 그러나 대부분의 이해 관계자가 다른 목적을 가진 것이 문제였다. 대부분의 이스라엘인은 팔레스타인인을 쫓아내고 다시는 발을 들여놓지 못하도록 만들려고 결사적으로 싸웠고, 대부분의 팔레스타인인은 잃어버린 땅을 되찾고 이스라엘인을 쫓아내기 위해서 싸웠다. 그래도 현 상황을 좀더 낙관적으로 해석하면, 팔레스타인이 오래전에 국제 합의안을 지지했다는 사실이다. 이스라엘에서도 국제 합의안을 지지하는 사람이 많다. 어떻게 질문하느냐에 따라 달라지기는 하지만, 때로 과반을 넘기도 한다. 그러나 미국에서 지원을 받고, 월등한 화력을 지닌 이스라엘은 팔레스타인과 충돌했을 때 그 부수적인 피해가 3 대 1 정도로 자신들에게 유리하다고 판단하는 듯하다.

촘스키는 1977년에 가진 한 인터뷰에서 미국의 이스라엘 지원을 언급하며, "미국은 2차대전 이후로 중동에서 매우 일관된 정책을 견지해왔다. 미국의 주된 관심사는 중동의 에너지 자원을 확실하게 자신들이 통제하는 것이다"고 말했다.[47] 이 지적은 지금도 유효하다. 이스라엘은 이 지역 치안 책임자이자 정보 수집가인 셈이다. 실제로 이스라엘은 "1960년 대에 강력한 군사대국인 이집트로부터 요르단과 사우디아라비아의 군주체제를 지켜주었고, 그것은 주요 원유 생산 지역에서 미국의 이익을 확보하는 데 큰 역할을 해냈다."[48]

촘스키가 이스라엘과 이스라엘이 팔레스타인에서 강탈한 점령지역을 방문하면 어떻게 될까? 산디니스타와 콘트라가 대치했던 시기의 니카라과보다 훨씬 위험하다. 그런데도 그는 서안지구를 방문하고, 군사통행금지령을 밥 먹듯이 위반한다. 레이첼 코리Rachel Corrie를 비롯해 팔레스타인을 지지하는 미국인 행동주의자들이 이스라엘인에게 때때로 살해되었다. 2003년 코리는 팔레스타인인의 집들을 부수려고 하는 이스라엘의 불도저를 막으려다 불도저에 깔려 죽었다. 1988년 4월 점령지역을 방문한 촘스키는 이스라엘 당국과 마주할 뻔한 아슬아슬한 사건을 몇 번이나 겪었다. 그는 그중 한 사건을 냉정하고 초연한 시각에서 헤브라이어로 썼고, 이스라엘에서 발표했다.

아부 지하드가 암살된 후, 통행금지령이 서안지구(웨스트뱅크)의 새 점령지역까지 확대됐다. 따라서 예루살렘 근처의 칼란디야 난민수용소에도 통행금지령이 시행됐다.

점령촌 보호를 구실로 팔레스타인 농민의 길을 막고 있는 이스라엘 군인. ⓒ 서정환

우리는 아직 바리케이드가 설치되지 않은 뒷길로 난민수용소에 들어갈 수 있었지만 30분 만에 이스라엘 군인들에게 발각됐다. 마을은 조용했고, 군에서 허락한 장례 행렬과 우리에게 다가온 몇몇 어린아이를 제외하면 길에는 사람이 전혀 없었다. 그 아이들은 우리를 이스라엘 사람이라 생각했던지 "PLO, Israel No(팔레스타인해방기구 만세, 이스라엘은 싫어!)"라는 구호를 외쳤다. 길거리에서는 얼마 전에 있었던 시위의 흔적이 눈에 띄었다. '고무탄'을 쏜 후에 남은 금속 조각, 펜실베이니아 살츠버그에 있는 연방 실험소에서 만든 최루가스통…. 최루가스통에서는 '훈련받은 사람'만 사용할 수 있고, 잘못 사용하면 화재가 일어나거나 사망, 부상을 당할 수 있다고 쓰인 경고문이 뚜렷이 읽혔다. 그런 사고는 흔히 일어났다. 우리가 심문받고 있을 때, 90세쯤은 된 듯한 노인이 문에서 절뚝거리며 걸어나와 우리에게 손을 내밀고는 배가 고프다고 처량하게 말했다. 군인들은 노인에게 당장 안으로 돌아가라고 매몰차게 소리쳤다. 우리 이외에 주변엔 아무도 보이지 않았다. 군인들은 우리를 신문기자라 생각했던지, 아무런 위해도 가하지 않고 우리를 캠프 밖으로 쫓아냈다.[49]

이스라엘과 중동에 대한 촘스키의 관심은《숙명의 트라이앵글*Fateful Triangle*》(1983)에 집약돼 있는 듯하다. 1999년에 발간된 개정판 추천사에서, 저명한 학자 에드워드 사이드(Edward Said, 1935~2003)는 "인간의 고통과 불의에 끊임없이 맞서는 숭고한 이상을 지닌 사람에게는 무언가 감동적인 것이 있다"고 말했다. 촘스키의 '숭고한 이상'은 인류를 향한 범죄 행위를 끊임없이 고발하고 규탄하면서 충분히 검증받았다.《숙명의 트라이앵글》에서 촘스키는 지금까지 저질러졌지만 주류 언론에서는 전혀 보도되지 않았거나 제대로 보도되지 않은 범죄 행위를 낱낱이 나열했는데, 증거 자료에 입각한 비판이었다. 그 증거들은 어떤 전쟁재판에서라도 반박할 수 없는 증거로 채택될 수 있을 정도였다. 이스라엘을 대리인으로 앞세운 미국은 전쟁을 빌미로 여자와 아동, 노인 등 민간인까지 학대하는 비열하기 그지없는 대중동정책을 실시하고 있다. 1982년 이스라엘이 레바논을 침공한 때를 예로 들어보자.

아랍인이 이스라엘의 절반을 정복하고 그 과정에서 파괴를 일삼았다면, 또 모든 남자를 투옥해서 구타하고 살해하며 모욕을 가했다면, 게다가 그 가족들은 굶주리거나 정복군이 무장시킨 테러 집단에게 학대당하거나 살해당했다면, 미국이 어떤 반응을 보였을지 우리 자신에게 솔직히 물어봐야 할 것이다.[50]

다른 책에서도 촘스키는 미국이 이스라엘의 이웃 나라들에 가하는 잔혹 행위를 단호하고도 노골적으로 비난했다. 뒤에서 다시 다루겠지만, 이런 폭력의 소용돌이는 세계적 재앙으로 발전했고, 급기야 미국은 전 세계를 상대로 '테러와의 전쟁'을 선포하기에 이르렀다. 전쟁이 곧 평화이고, 평화가 곧 전쟁이라 말한 오웰의 악몽이 거의 현실화된 셈이다.

촘스키의 글에 대한 반응은 극과 극이다. 미국계 유대인인 까닭에 유대인에게는 반反유대주의자, 배신자 혹은 더 심한 말로 욕을 먹었다. 촘스키도 미국의 우익 유대인 공동체를 공격할 때는 받은 만큼 돌려주었다.

이곳의 유대인 공동체는 전체주의에 깊이 물들어 있다. 그들은 민주주의를 원하지 않는다. 자유를 원하지도 않는다. (…) 미국의 유대인 공동체가 이스라엘에게는 최악의 적이다. 유대인 공동체는 전체주의에 물든 공동체이고, 이스라엘에 민주주의가 세워지는 것을 원하지 않기 때문이다. 또 그들은 이스라엘에 민주주의가 가능하다고 믿지 않으며, 이곳에서도 민주주의가 가능하다고 믿지 않는다. (…) 그들은 온갖 수단을 동원해서 비방한다. (…) 비방에 동원하는 도구가 아주 효과적으로 사람들의 입을 막아버린다. 그 도구는 많은 사람을 겁줘서 쫓아버린다. 특히 무방비로 노출된 사람들에게 두려움을 심어준다. 마땅히 대응할 방법이 없다. 가령 당신이 반유대주의자로 손가락질을 받으면 뭐라고 말하겠는가? "나는 반유대주의자가 아니다!"고 말하겠는가? 또 당신이 홀로코스트를 찬성한다고 비난한다면, 뭐라고 대꾸하겠는가? "나는 홀로코스트를 찬성하지 않는다!"고 말할 것인가? 어떤 식으로 대응해도 당신은 이길 수 없다. 미국의 친유대 민권단체, 비방반대연맹(Anti-Defamation League, ADL)은 비방의 묘미를 완벽하게 꿰뚫고 있다. 진흙으로 더럽혀진 옷은 결코 예전처럼 깨끗해질 수 없다. 누구도 전후 과정을 충실히 추적할 수 없기 때문이다. 당신이 뭔가를 쓰면 누군가 당신 글을 인용하고, 또 누군가는 당신 글을 두고 뭐라고 말한다. 왜 내가 홀로코스트를 찬성한다고 말하지 않겠는가? 모든 유대인이 죽어야만 한다고 생각하기 때문이다. 하지만 그런 말을 함부로 하지 않는다. 하지만 그들은 원하면 무엇이나 말할 수 있다. 공산당도 그런 경지에 이르기를 간절히 바랐지만 이루어내지 못했다. 그러나 그들은 그런 경기에 이르렀다. 그래서 그들은 전체주의자다![51]

비방반대연맹은 세계 전역에서 반유대주의를 감시하고 경계할 목적으로 미국에서 창립된 유대인 조직이다. 이 단체가 발간한 한 책자에 따르면 촘스키는 홀로코스트를 부정하며, "지적인 교만에 사로잡혀 전체주의와 민주주의를 구분하지 못하고, 압제자와 피해자를 구분하지 못하는 얼간이"다.[52] 언제나 마음 한 귀퉁이에 있어 언짢은 소리를 할 때마다 가슴 아팠던 곳에서 용감하게 투쟁한 에이브럼 노엄 촘스키에 대해서는 이쯤 해두고, 이제 좀더 멀리 가보자.

# 아, 동티모르

1975년 인도네시아가 미국의 암묵적인 승인을 받고 동티모르를 침략했다. 미국은 인도네시아에 무기의 90퍼센트를 제공했다. 촘스키도, 동티모르에서 일어난 사건들을 냉정하고 객관적으로 쓰기는 정말 쉽지 않았다.

그곳에서 저질러진 범죄들이 자주 듣던 것이고, 마음만 먹으면 쉽게 끝낼 수도 있었다는 사실에 두려움과 수치심마저 더해진다. 인도네시아는 미국의 외교적 지원과 군사적 지원을 등에 업고 1975년 12월 동티모르를 침략했다. 그 이후로도 인도네시아의 잔혹 행위는 언제라도 중단될 수 있었다. 하지만 인도네시아는 미국의 비밀스런 승인하에 무기를 불법적으로 사용했고, 엠바고(embargo, 금수 조치)하에서도 무기를 꾸준히 공급받았다. 폭격이나 제재로 인도네시아를 위협할 것까지도 없었다. 미국과 그 동맹국이 적극적인 참여를 철회하고, 인도네시아 군사령부의 절친한 동료들에게 잔혹 행위를 당장에 중단하고 유엔과 국제사법재판소의 권고대로 동티모르에 자결권을 부여하라고 알리기만 해도 충분했다. 이제 와서 과거를 되돌릴 수는 없지만, 우리가 했던 짓을 기꺼이 인정해야만 한다. 살아남은 사람이라도 구하고, 추악한 범죄 행위를 진정으로 사죄하며 충분히 보상해주는 도덕적 책임을 기꺼이 감수해야만 한다.[53]

당시 오스트레일리아의 역할은 크지 않았다. 그러나 미국을 대신해서 그 지역의 보안관 역할을 했다는 사실을 부인할 수는 없다. 2차대전 당시 오스트레일리아를 침공한 일본군을 몰아내기 위해서 동티모르인 6만 명가량이 목숨을 바쳤지만, 오스트레일리아는 동티모르를 인도네시아의 일부로 인정한 유일한 나라였다. 배신의 대가로 오스트레일리아는 인도네시아로부터 티모르 해에서 석유와 가스를 채굴할 권리를 얻었다. 1991년 동티모르의 독립운동을 탄압하는 인도네시아의 만행이 서구 세계 특파원들의 눈에 띄었다. 두 미국인 기자, 에이미 굿먼Amy Goodman과 앨런 네이른Alan Nairn은 1991년 11월에 자행된 딜리 대학살(인도네시아군에 살해된 세바스티앙 고메스를 추모하면서 평화시위를 벌이던 군중에게 인도네시아군이 무차별적으로 발포해 수백 명이 사망한 사건-편집자)의 현장에 있었다. 네이른은 92년 2월 17일 미국 상원 외교관계위원회에 출석해 다음과 같이 증언했다.

군인들이 민간인들을 등 뒤에서 정조준해서 쏘는 것을 보았습니다. 서 있는 사람이 눈에 띄면, 시신을 짓밟으며 뒤쫓아갔습니다. 군인들은 티모르인이면 여학생, 젊은 남자, 노인을 가리지 않고 닥치는 대로 죽였습니다. 길은 피로 흥건했고, 시신이 어디에나 널려 있었습니다. 군인들은 나와 에이미 굿먼에게도 폭행을 가했습니다. 우리 카메라와 녹음기를 빼앗았고, 에이미의 머리채를 움켜잡고는 얼굴과 배를 주먹으로 때리고 발로 찼습니다. 내가 몸으로 에이미를 막아서자 그들은 내 얼굴을 집중적으로 때렸습니다. M-16의 개머리판에 맞아 내 두개골에 금이 갔습니다. 군인들은 우리를 포장도로로 끌고 가, 소총으로 얼굴을 겨누며 사격하는 시늉까지 했습니다. 그들은

"폴리티크! 폴리티크!"라고 소리쳤습니다. 그때서야 우리는 "아메리카! 아메리카!"라고 소리쳤습니다. 그 말이 우리를 살렸던 것 같습니다. 내 여권은 그들에게 이미 빼앗긴 터라 에이미가 여권을 꺼내 그들에게 보여줬습니다. 에이미의 여권을 확인하고야 그들은 우리가 정말로 미국에서 왔다고 생각하는 듯했습니다. 여하튼 우리는 그들에게 M-16을 제공한 나라의 시민이었던 겁니다.[54]

이 증언으로 미국인들은 동티모르에서 벌어지는 사태에 관심을 갖기 시작했다. 어느 때나 그랬듯이 주류 언론은 그런 정보를 그때까지 얻기 힘들었다며, 동티모르 사태를 국민에게 미리 알리지 못한 것에 결백을 주장했다. 실상은 그렇지 않았다! 촘스키와 허먼이 1975년 인도네시아의 동티모르 침공 이후 줄곧 말과 글로 주장해왔던 내용을 기업언론이 보도했더라면 그런 충격적인 사태는 벌어지지 않았을 것이다. 기업언론은 자신들의 이익을 위해 그런 사건은 가능한 한 오랫동안 덮어두는 것이 나았던 것이다.

촘스키는 1976년부터 동티모르에 대해 끊임없이 이야기했고, 그로부터 1, 2년 후에는 동티모르를 다룬 책까지 썼다. 허먼과 함께 쓴 《인권의 정치경제학》(1979)의 첫 권은 누설

동티모르를 잔악하게 지배한 인도
네시아 수하르토 전 대통령.
ⓒ State Secretariat of the
Republic of Indonesia(Wikipedia
public domain)

된 기밀 자료를 광범위하게 다루어, 오스트레일리아에서 무
척 많이 팔렸다. 오스트레일리아에서는 그 기밀 자료의 출판
이 금지된 데다, 그 책들이 보관돼 있던 창고가 원인 모를 화
재에 전소된 까닭이었다. 촘스키는 1978년과 79년에 유엔
탈식민지위원회에 출석해 동티모르의 상황을 증언하기도 했
다. 이 증언도 훗날 출간되었는데, 물론 주류 매체를 통해서
는 아니었다. 그러나 1980년대 초에는 《뉴욕 타임스》에 논
설을 기고할 기회를 얻었고, 《보스턴 글로브》를 설득해 미

국에서는 처음으로 동티모르에 대한 진실을 보도하도록 하기도 했다. 촘스키는《신냉전을 향하여 *Towards a New Cold War*》(1982)에서도 동티모르에 대한 기본적인 내용을 소개했지만, 그런 사태가 벌어진 배경에 대해서는 설명하지 않았다. 촘스키는 1979년 리스본까지 달려가 동티모르의 위기를 다룬 첫 국제회의에 참석했다. 1980년대 초에 다시 리스본으로 가 동티모르 난민들을 만났으며, 오스트레일리아의 지원단체들과 난민들과 가까운 관계를 유지했다. 촘스키는 동티모르와 관련된 대부분의 정보를 오스트레일리아 친구들에게서 얻었다.

촘스키는 마침내 1995년 동티모르 구호협회(East-Timorese Relief Association, ETRA)와 저항을 위한 동티모르 국가 평의회(National Council for East Timorese Resistance, CNRM)의 초청을 받아 9일 예정으로 오스트레일리아를 방문했다. 그는 동티모르 난민들을 위해 연이어 강연했고, 멜버른과 시드니에서는 시청에서 큰 집회를 열기도 했다. 난민들이 대중 집회에 그처럼 많이 모인 적이 없었다. 오스트레일리아 수도 캔버라에서 연 집회와, 로열 프레스 클럽의 강연에는 난민 대표가 동행하기도 했다. 특히 로열 프레스 클럽의 강연은 오스트레일리아방송공사(Australian Broadcasting Corporation,

ABC)를 통해 전국에 생방송됐고, 그 후에도 몇 번이나 재방
송됐다. 한 인터뷰는 루퍼트 머독(Rupert Murdoch, 세계적
인 미디어 재벌. 소유 기업체로《뉴욕포스트》·《타임스》·폭스 방
송·20세기 폭스 등이 있다—편집자)의 '언론 제국' 덕분에 인
도네시아에까지 방송됐다. 원하던 바는 아니었겠지만 여하
튼 고마워할 일이었다. 촘스키는 캔버라의 강연에서 오스트
레일리아 정부, 특히 당시 외무장관이던 가렛 에반스Gareth
Evans의 배신을 신랄하게 비난했다. 촘스키는 오스트레일리
아에서 연 강연들을 모아《권력과 전망*Powers and Prospects*》
(1996)이란 제목으로 펴냈다. 이 책의 호주판에는 동티모르
구호협회 아지오 페레이라Agio Pereira 회장의 추천사가 실
려 있다.

오스트레일리아 대안 매체의 기자 알렉스 번스Alex Burns
는 촘스키와 밀착 동행해서, 〈정신범죄 작전: 노엄 촘스키를
팔아라Operation Mindcrime: The Selling of Noam Chomsky〉
라는 흥미로운 기사를 썼다.[55] 촘스키를 둘러싼 언론의 곡예
를 제대로 고발한 기사였다. 달리 말하면, 주류에 끼지 못한
변방의 기자라는 것이 어떤 의미인지를 극명하게 보여주는
기사였다.

시드니에서 1995년 1월 18일은 특별한 날이었다. 교황 요한 바오로 2세가 매리 맥킬로프Mary MacKillop 수녀의 시복식에 참석하려고 도착하면서 언론의 곡예가 시작됐다. 이른 아침에 출근하던 회사원들에게 우중충한 하늘만으로는 부족했던지 일본 고베에서 엄청난 지진이 일어났다는 소식까지 전해졌다. 마이크로소프트의 빌 게이츠는 인터넷업계를 지배할 계획을 발표했고, 미국의 록밴드 REM은 그날 저녁 늦게 시드니 엔터테인먼트센터에서 공연할 계획이었다. 반체제 인사 노엄 촘스키는 이런 만화경의 틈새에서 아무런 주목도 받지 못한 채 세 도시를 방문하는 9일간의 일정을 시작했다. 동티모르 구호협회와 저항을 위한 동티모르 국가 평의회가 후원한 촘스키의 여정은 조용히 시작됐지만, 사태가 빠른 속도로 전개되면서 초현실적으로 변해갔다.[56]

동티모르인은 거의 모두 가톨릭 신자였지만, 교황 요한 바오로 2세는 코앞에 있는 오스트레일리아를 방문하고서도 동티모르의 독립을 위해서는 한마디도 언급하지 않았다. 또한 교황을 둘러싼 언론의 곡예는 박진감 넘쳤지만, 촘스키를 둘러싼 언론의 곡예는 그렇지 않았다. 번스 기자의 말을 그대로 믿는다면, 행동주의자와 세련된 좌파에서는 대안 언론적 곡예가 있었던 모양이다. 그 때문인지 촘스키의 강연이 끝난 후 청중의 반응에 대해, 번스의 글은 한층 냉소적으로 변했다.

5분간의 기립 박수가 있은 후, 내가 앞에서 말했던 방식과 거의 유사한 방식으로 질문 시간이 이어졌다. 사람들은 일반적인 질문만 해댔다. 캔버라의 기자회견에서 멍청한 기자들이 쏟아낸 질문과 실질적으로 다를 바가 없었다. 질문 시간은 촘스키에게 그럴 듯한 인상을 심어주려는 경연장으로 변질되고 말았다. 지역의 현안 문제를 알리려는 지역 행동주의자들이 감정적 표현까지 더해가며 2분씩이나 길게 질문했으니 말이다.

사실, 촘스키가 편안한 분위기를 조성하더라도 그런 시간에 실속 있는 얘기를 주고받기는 힘들다. 지역 담당자들의 진행 실수로 강연 약속이 뒤죽박죽되면서 사태가 악화됐다. 결국 지역 담당자들은 촘스키에게 '관리인'까지 붙여주면서 촘스키를 약속 장소로 신속히 이동시켰다. 만년에 촘스키의 매니저 역할을 시작한 캐롤 촘스키에 따르면, 그런 상황에서 촘스키는 계획에 잡히지 않은 강연이나 인터뷰까지 기꺼이 허락했다고 한다. 그 바람에, 계획된 강연장에 서너 시간이나 늦게·나타나거나 아예 나타나지를 않아 끈기 있게 기다리던 사람들을 본의 아니게 실망시키기도 했다. 번스는 이런 경우에 대해서도 썼다.

그때 스무 명가량의 사람이 촘스키에게 몰려들었다. 촘스키가 번개처럼 자신의 책에 자필 서명을 하고 있을 때 그들은 마이크와 카메라를 촘스키 얼굴 쪽으로 들이밀었다. 한 사람이 "누가 케네디를 암살했다고 생각하십니까?"라고 물었다. 촘스키는 "내 책에 써놓았으니, 찾아서 읽어보시오!"라고 대답했다. 짜증 난 표정이었고, 목소리에서도 골백번 받은 질문에 또 대답해야 하는 것이 지긋지긋하다는 실망감이 읽혔다. 촘스키는 '관리인'에게 이끌려 서둘러 다음 목적지로 향했다. 그들은 촘스키에게 더 질문할 기회를 갖지 못해 화난 표정으로 우두커니 서 있었다. 그들은 입씨름을 하느라 바빴던지 적절한 질문을 하는 것이 무엇보다 중요하다는 사실을 깨닫지 못했다. 그들의 영웅을 직접 보려고 와서는, 그들의 멋진 질문이 퇴박맞고 그들의 '뜨거운 열정'이 천박하고 반동적으로 비쳐졌다는 생각에 당황하는 사람이 적지 않았다. 그들은 인간과 신화를 구분하지 못했다. 그 행동주의자들은 정보화 시대를 맞아 구식이 돼버린 '혁명의 기법'에 몰두하고 있었다. 고집스런 기자들은 촘스키와 몇 분이라도 인터뷰할 기회를 얻으려 애썼다. 촘스키도 가능하면 많은 사람과 얘기를 나누고 싶어 했지만 '관리인'들은 촘스키 앞을 에워싸며 직접적인 접촉을 막으려고 애썼다.[57]

번스를 비롯해 오스트레일리아의 행동주의자들은 촘스키가 그만한 위치에 있는 사람이면 쉽게 하지 못할 말을 거침없이 쏟아내는 것을 보고는 무척 놀랐다.

세계적인 시각이나 국제법적 관점에서 보면, 동티모르 문제는 해결하기 어려운 상황이 아니다. 동티모르는 르완다나 보스니아가 아니다. 자카르타를 폭격할 필요도 없다. 티모르 갭 조약(Timor Gap Treaty, 1989년 12월 11일, 티모르 해에 매장된 석유 자원을 공동 개발하기 위해 오스트레일리아와 인도네시아가 맺은 조약. 가렛 에반스 오스트레일리아 외무장관과 알리 알라타스Ali Alatas 인도네시아 외무장관이 서명했고, 1991년 2월 9일에 발효되었다. 그러나 2002년 동티모르가 독립하면서 조약은 효력을 상실한다. 인도네시아가 동티모르 점령을 인정한 조약이란 점에서 오스트레일리아는 국제적으로 비난을 받기도 했다—편집자)을 철회하기만 하면 된다. 내 생각에 티모르 갭 조약은 인간답지 못한 조약이다. 1991년에 오스트레일리아 정부는 이 조약에 서명하기는 했지만, 발트 연안 국가들에 대한 소련의 지배를 인정하던 관례를 철회한 적이 있지 않은가! 오스트레일리아는 인권을 보호하는 국제법을 제정하는 데 앞장섰지만, 인도네시아와 비준한 티모르 갭 조약은 내가 알기에 오스트레일리아가 서명한, 국제법 원칙을 위배한 세계 유일의 조약이다. 1975년 8월의 비밀 통신문에 따르면, 자카르타 주재 (오스트레일리아) 대사 리처드 울코트Richard Woolcott는 "침략이 임박한 시점에서 우리는 원칙에 얽매이기보다는 실질적 입장을 취해야 한다"며 "포르투갈이나 독립한 동티모르보다는 인도네시아와 협상하면 유리한 조약을 쉽게 체결할 수 있을 것이다"고 덧붙였다. 결국 우리는 석유 회사에 더 많은 이익을 보장해주려고 동티모르의 학살을 방치한 셈이다.[58]

이처럼 촘스키는 동티모르의 운명을 세상에 알리는 데 누구보다 앞장섰다. 탐사전문기자인 존 필저(John Pilger, 진보적인 저널리스트이자 다큐멘터리 감독)만큼이나 큰일을 해냈다. 1992년 오스트레일리아에서 처음 상영된 다큐멘터리 〈여론 조작〉에서 촘스키는 동티모르 사건을 세상에 알렸다. 이 다큐멘터리는 촘스키가 에드워드 허먼과 함께 쓴 《여론 조작 *Manufacturing Consent: The Political Economy of the Mass Media*》을 근거로 제작되었다. 번스는 이 다큐멘터리 제작자이자 감독인 마크 아크바Mark Achbar 말을 인용해서 다음과 같이 말했다.

> 자카르타에서 열린 지난 APEC(아시아·태평양경제협력체, Asia-Pacific Economic Cooperation) 회의에서 인도네시아의 인권 학대에 대한 클린턴과 크레티엥(Chrétien, 캐나다 총리)의 발언도 이 다큐멘터리의 영향을 받은 듯하다. 영화가 일반 극장에서 개봉되는 날에 맞춰 나는 오스트레일리아에 도착했다. 두 동티모르 난민이 의식용 숄을 내게 선물로 주며, 피터(Peter Wintonick, 〈여론 조작〉 공동 감독)와 나에게 자신들의 얘기를 정확히 기록해 세상에 알려줘서 고맙다고 말했다. 그 말은 이 영화로 받은 어떤 상보다 내게 뜻깊었다.[59]

동티모르와 뉴질랜드에 관한 거의 알려지지 않은 이야기도 촘스키에 대해 많은 것을 말해준다. 1991년 11월, 스무 살인 말레이시아계 뉴질랜드 학생 카말 바마드하즈Kamal Bamadhaj가 인도네시아 헌병대 총에 등을 맞는 치명상을 입는다(결국 사망하고 만다). 오스트레일리아 구호단체 회원으로 동티모르에 도착한 지 3주쯤 지나 벌어진 일이었다. 카말의 어머니 헬렌 토드Helen Todd 기자는 범인을 법정에 세우고자 4년 동안 힘든 투쟁을 벌였다. 당시 뉴질랜드 정부는 오스트레일리아 정부만큼이나 비겁해서 헬렌 토드는 뉴질랜드 정부에게서 어떤 도움도 받지 못했다. 그러나 토드 기자는 끈질긴 조사 끝에, 딜리 대학살에 연루된 인도네시아 군 장교 몇몇을 찾아냈고, 그 이름이 국제적으로 활동하는 정치적 행동주의자들과 인권운동가들에게 전해졌다. 신통 판자이탄Sintong Panjaitan 장군이란 이름도 그중 하나였다.

그런데 1994년 똑같은 이름의 장군이 멀쩡하게 하버드 대학교의 한 강의에 등록돼 있었다. 인도네시아 고급 장교 중에는 미국에서 교육받은 이가 많다. 그럴 정도로 양국의 엘리트 계급이 모든 차원에서 협조하는 것은 특이할 것이 없었다. 심지어 기소를 면하려고 한동안 다른 이름을 사용하기도 했다. 촘스키는 동티모르, 어쩌면 오스트레일리아를 방문했을 때 이런 사실을 동티모르 행동주의자에게서 들어 알고 있었을지 모른다.

보스턴을 중심으로 활동하던 행동주의자들은 그런 밀약에 협조하지 말라며 하버드 당국에 알렸다. 물론 하버드는 양국의 그런 밀약에 대해 아는 바가 없다고 일축했지만, 곧 명백한 증거가 드러나면서 그 장군의 고급 주택 앞에서 사람들이 시위하기 시작했다.

이 소식은 뉴질랜드의 헬렌 토드에게도 전해졌다. 십중팔구 미국 정부가 알려주었겠지만, 신통 판자이탄은 미국 시민단체가 그에게 민사소송을 제기할 움직임이 있다는 경고를 받고 곧바로 미국을 떠났다. 《보스턴 글로브》는 〈인도네시아 장군, 보스턴에서 도망치다〉란 표제로 그에 관한 기사를 내보냈다. 촘스키는 미국 언론에 실린 표제 중에서 이 표제를 가장 좋아한다고 서슴없이 말한다. 여하튼 촘스키의 처제를 비롯해 헌법권리센터Center for Constitutional Rights에서 활동하는 한 미국변호사단체의 도움으로 토드는 1994년 보스턴 법정에서 노력의 결실을 거둘 수 있었다. 토드는 신통 판자이탄 장군을 궐석재판(피고인이 법정에 출석하지 않은 상태에서 진행되는 재판)의 형식으로 고소했고, 법정은 2200만 뉴질랜드 달러를 배상하라는 판결을 내렸다. 그중 1600만 뉴질랜드 달러는 징벌적 손해배상금으로 토드에게 지불하라고 명령했다. 유례를 찾아보기 힘든 재판이었지만, 신통 판자이탄은 그 판결을 농담처럼 받아들이며 지금까지 지급을 거부하고 있다.

촘스키는 헬렌 토드를 직접 만난 적은 없었지만 그 기간 동안에 토드와 연락을 주고받았다. 뉴질랜드 녹색당 국회의원인 케이스 로크Keith Locke는 1998년에 다음과 같은 글을 기고했다.

> 1994년 미국의 한 법정이 딜리 대학살에 연루된 인도네시아 장군에게 카말의 어머니, 헬렌 토드에게 징벌적 손배배상금으로 3200만 달러를 지불하라고 명령했을 때, 우리 외무장관은 지나치게 '외교적'이었다. 맥키넌Donald McKinnon 외무장관은 인도네시아인들에게 단지 "그 판결에 대해 어떻게 할 것인가? 그 판결에 항소할 것인가?"라고만 물어보았다.[60]

2005년 현재 영연방 사무총장인 맥키넌의 당시 반응에 많은 사람이 "장군과 장관은 결코 죽지 않고 다른 자리로 옮겨갈 뿐이다"며 쓴웃음을 지었다.

미국과 오스트레일리아와 뉴질랜드의 여론은 동티모르의 독립, 적어도 인도네시아로부터 자치권은 얻어야 한다는 데로 모아졌다. 그러자 세 나라 정부는 도덕적으로 유리한 입장을 취했다. 수하르토 정권이 1998년부터 붕괴되기 시작하면서, 수하르토와 자신들의 비열한 거래가 곧 세상에 알려질 가능성이 컸기 때문에 그런 입장을 취할 수밖에 없었다. 1991년 딜리 대학살 이후 거의 10년 가까이 3국 정부는 줄곧 수하르토의 편에 섰지만, 그의 뒤를 이은 유숩 하비비 Jusuf Habibie가 이슬람 성향이 강해 모든 관계가 뒤집힐 가능성도 있었다.

1999년 동티모르 독립을 결정하기 위한 투표가 실시된 후 자행된 대학살(투표 결과 주민의 78.5퍼센트가 찬성하자, 이에 불복한 인도네시아군과 이들이 훈련시킨 민병대가 동티모르 전역에서 학살, 방화를 자행한다. 인구의 3분이 1이 학살되었다—편집자)도 미국에게는 큰 부담이었다. 클린턴 대통령은 인도네시아 군부에 대한 지지를 철회했다. 인도네시아 군대도 동티모르에서 곧바로 철수했고, 오스트레일리아군을 주축으로 한 다국적군, 즉 동티모르 다국적군(INTERFET)이 1999년 9월 20일에 아무런 저항 없이 동티모르에 상륙했다. 세계의 주류 언론은 고결한 인도주의적 개입이라고 칭찬했지만, 촘스키

는 그런 주장을 비웃으며 "인도주의적 개입은 말할 것도 없고 어떤 개입도 없었다"고 빈정댔다.[61]

미국은 세계의 다른 곳에서 그랬듯이 인도네시아에서도 폭력 정권을 지원했다. 하지만 수하르토라는 두목을 통제할 수 없는 지경에 이르고 말았다. 그래서 모든 작전을 종료하고, 인도네시아가 혼란으로 치닫도록 방치한 것이다. 그 대가로 동티모르는 10만 명에 가까운 인명을 잃어야 했다. 원조를 빌미로 오스트레일리아가 독립한 동티모르의 경제를 좌지우지하면서 또다시 놀라운 사실이 드러났다. 그야말로 '이중성'과 '냉소주의'의 극치였다. 오스트레일리아의 존 하워드 John Howard 정부가 1989년 인도네시아 정부와 체결한 티모르 갭 조약에 따라 석유와 천연가스를 채굴할 권리가 독립국 동티모르하에서도 그대로 인정돼야 한다고 주장한 것이다. 즉, 오스트레일리아와 미국의 석유회사에 채굴권을 인정해줘야 한다는 뜻이었다. 협상이 좀처럼 타협점을 찾지 못하고 지지부진하자, 동티모르의 행동주의자들은 새로운 투쟁을 시작했다.

'티모르 해 점유를 반대하는 모임'이 2004년 4월, 동티모르의 수도 딜리에서 결성됐다. 동티모르의 영해를 점령해서 자원을 약탈하고 동티모르의 권리를 침해하며 국가의 정체성마저 부인하는 오스트레일리아의 행위에 대해 동티모르 국민이 어떻게 생각하는지를 오스트레일리아 정부와 국민에게 올바로 알리기 위해 결성된 조직이었다. (⋯) 이 운동은 어린아이와 젊은이, 여성과 노인, 가난하고 핍박받는 사람의 의견까지 담은, 티모르 사회의 모든 계층이 참여한 국민적 운동이란 점을 세계 여론과 언론에 분명히 해두고 싶다.[62]

2002년 5월, 동티모르는 독립했다. 조국의 독립을 위해 25년이란 기나긴 시간을 헌신적으로 노력한 소수의 젊은 동티모르 행동주의자들 그리고 오스트레일리아를 비롯해 서방 세계의 수많은 행동주의자가 힘을 합해 이루어낸 결실이었다.

# 9·11사태로 드러난 미국의 실체

흔히 2001년 9월 11일부터 세상이 변하기 시작했다고 말한
다. 그때부터 언론들은 그 사건을 설명하고 비난하며, 복수
를 외치고 국민의 마음을 달래는 데 미친 듯이 매달렸다. 또
한 그 장면을 반복해서 보여주었다. 정치권에서는 온갖 의견
을 검토하고 조사했다. 당연히 촘스키를 찾는 곳이 쇄도했
고, 그는 9월부터 10월 초까지 연이어 많은 인터뷰를 했다.
안타깝게도 촘스키는 그 인터뷰들을 모아 얄팍한 책을 출간
하는 데 동의했고, 《노엄 촘스키, 9-11 *Noam Chomsky, 9-
11*》이란 제목이 붙여진 그 책은 10월 15일쯤에 인쇄를 끝낸
상태였다. 촘스키를 비롯한 많은 학자가 진퇴양난에 빠졌다.
더구나 촘스키 책의 7장 제목이 〈상당한 억제?〉였다. 얄궂

게도 물음표가 눈에 띈다. 이후 부시 정부의 행보를 보면 촘스키와 많은 학자가 잘못 판단한 듯하다. 촘스키도 부시 정부가 어느 정도 자제심을 보이리라 생각했던 것이다.

> 테러 공격이 있은 바로 다음 날부터, 부시 행정부는 나토와 지역 전문가, 정부 소속의 정보기관으로부터 "무고한 사람들을 대량학살하는 식으로 대응한다면 빈 라덴이나 그와 비슷한 테러집단이 바라는 바일 것이다"는 경고를 받았다. 당신과 나 같은 사람들도 그렇게 말했다. (…) 다행히 부시 행정부는 그 메시지를 받아들인 듯했다. 그들의 욕심대로 했다면 다른 방법을 택했겠지만….[63]

촘스키는 미국이 마음껏 대대적으로 대응하지 않았다는 점에서 자신의 판단이 옳았다고 주장한다. 조금은 억지스런 변명인 듯하다. 그 후에 아프가니스탄에서 벌어진 학살은 간과할 수 없잖은가. 게다가 아프가니스탄에서는 지금도 학살이 계속되고 있다. 이러한 판단 착오는 그 후의 정치적 혼란 때문이라고 쉽게 변명할 수 있겠지만, 인쇄된 책에서는 충분히 피할 수 있지 않았을까. 《노엄 촘스키, 9-11》은 촘스키 현상에 편승해 돈벌이를 하려던 출판업자의 욕심에 만신창이가 됐고, 역사적 사건에 어정쩡한 역할을 하고 말았다. 그렇다고 그 책이 현실을 꿰뚫어보는 통찰력을 결여했다는 뜻은 아니다. 촘스키는 한 멕시코 추기경의 말을 인용해서 "왜 미국인들이 그렇게 미움을 받는지 생각해봐라. 미국의 경제적 이익을 보호하려고 무수한 폭력을 행사했기 때문이다"고 말했다.[64] 물론 이 책은 애국 전선에 동참하지 않았기 때문에 신랄한 비난을 받았다. 하지만 이 책을 낸 출판사(Seven Stories Press)에는 상당한 이익을 안겨준 베스트셀러가 됐다. 출판사는 "《노엄 촘스키, 9-11》은 반체제 인사들과 유일하게 다른 목소리를 냈고, 30만 부 이상 팔렸으며, 캐나다에서는 2002년 페이퍼백 부문 베스트셀러 1위를 차지했다"고 광고했다.[65]

세계가 CNN으로 카불(아프가니스탄 수도)의 함락을 지켜보면서, 또 알 자지라처럼 갓 설립된 아랍계 텔레비전 방송국들이 제공하는 다른 화면도 지켜보면서 오사마 빈 라덴의 참수된 머리를 학수고대하며 기다렸지만 헛일이었다. 9·11 사태의 충격이 워낙 컸던지라, 세계를 지배하려는 미국의 야욕에 이번만은 어떤 저항도 자제하려는 분위기가 전 세계적으로 형성되는 듯했다. 아프가니스탄에서 얻은 승리에 도취된 미국은 이참에 이라크부터 시작해서 '악의 축'에서 남은

복구 중인 세계무역센터. © Andrea Booher(Wikipedia public domain)

국가들을 제압할 기회를 엿보았다. 특히 이라크에서는 엄청난 석유 자원을 확보하고 싶었다. 촘스키가 오래전부터 거듭 지적했듯이, 석유 자원의 확보가 미국 외교정책의 진정한 '존재 이유'였다.

미국은 이라크뿐 아니라 이란, 시리아에도 따끔한 맛을 보여주어 미국에 복종하도록 만들어야 했다. 미국의 다국적 기업들이 이윤을 극대화할 수 있도록 석유를 값싸고 효율적으로 퍼 올리는 데 그 나라들이 동의하도록 만들어야 했기 때문이다. 그렇게 번 돈으로 기업은 워싱턴에 투자해 '지정학적 힘'을 샀다. 미 국무장관 콜린 파월Colin Powell이 침공을 정당화하려고 ('워싱턴'의 친구이던) 사담 후세인이 대량살상무기(Weapons of Mass Destruction, WMD)를 보유하고 있다고 세계를 속인 뻔뻔한 거짓말은 이제 역사가 됐다. 마르크스의 표현을 빌면, '소극笑劇의 역사'가 됐다. 오죽하면 WMD를 '대량기만무기weapons of mass deception'라 해석하며 빈정대는 우스갯소리가 다 있겠는가.

이라크에서 벌어진 불미스러운 사건들, 세계 전역에서 발생하는 지역 전쟁들, 아프리카를 짓누르는 에이즈와 가난, 전 소련 위성국들의 사회적 불안, 미국·중국과 은밀히 결탁하면서 하루아침에 합법적인 '테러와의 전쟁'으로 돌변해버린 러시아의 체첸 공격, 자본주의의 사치와 낭비로 꾸며진 회전목마를 타고 정신없이 돌아가는 세계와 그 틈에 인간을 착취하는 정치·경제의 엘리트 계급…. 이 모든 현상에 촘스키는 잠시도 정치적 행동주의자로서 눈을 뗄 틈이 없다. 곧 팔순을 바라보지만 예전보다 더 자주 여행을 다니고, 더 많이 강연하며, 더 많은 글을 쓴다. 여전히 낙관주의자인 그는 세계사회포럼World Social Forum과 같은 새로운 민중조직에 큰 기대를 걸며, 인도와 브라질에서 포럼이 개최됐을 때 직접 참가하기도 했다. 그는 세계를 여행하면서 정치적 행동주의자로서 네트워크를 넓혀갔다. 그러자 세계사회포럼과 관련된 행동주의자들, 즉 제3세계의 행동주의자들이 촘스키를 자신들의 전우로 받아들이면서 의지하기 시작했다(여담이지만, 전 독일 수상 빌리 브란트는 제3세계를 '남반부 세계'라 칭했다).

좋은 일도 생겼다. 촘스키가 오래전부터 좋은 사람이라 칭찬하던 룰라가 2002년 10월 브라질의 대통령이 됐다. 이쯤에서 나는 촘스키에게 지금쯤에는 룰라가 브라질이란 국가를 폐지하고 협의체 공산주의나 아나키즘적 생디칼리즘식 자유를 도입했어야 하지 않느냐고 묻고 싶다. 촘스키의 대답은 충분히 예상할 수 있다. 우리는 그 결과를 감수하며 살아야 할 필요가 없기 때문에 쉽게 그렇다고 말할 수 있지만,

룰라는 입장이 다르다고 대답할 것이다. 맞는 말이다.

인도에서 촘스키는 행동주의자로 변신한 작가 아룬다티 로이Arundhati Roy를 만났다. 로이는 2004년 1월 16일 뭄바이에서 열린 세계사회포럼의 개막 연설에서 "작년 1월, 우리는 브라질 포르투 알레그르에 모여 '다른 세계가 가능하다!'고 선언했고, 그 선언을 반복해서 외쳤습니다. 그때 그곳에서 북쪽으로 수천 킬로미터 떨어진 워싱턴에서 조지 부시와 그의 측근들도 똑같은 생각을 하고 있었습니다"고 말했다.[66]

그보다 한 해 전, 아룬다티 로이는 〈노엄 촘스키의 외로움 The Loneliness Of Noam Chomsky〉이란 글을 인도의 영자 신문 《더 힌두The Hindu》에 기고했다.[67] 그 글에서 로이는 촘스키가 이 세상에 기여한 공로 하나를 골라야 한다면 아름답고 밝게 빛나는 '자유'라는 단어 뒤에 감춰진 추악하고 무자비하게 조작되는 세계를 폭로한 것이라고 말했다. 촘스키는 그 일을 합리적이고 실질적으로 해냈다. 그가 사건을 재구성하기 위해서 수집하고 정리한 많은 증거는 놀라울 정도다. 아니, 등골이 오싹할 지경이다. 촘스키 방법론의 출발점은 결코 이데올로기적인 것이 아니다. 무척 정치적이다. 그는 아나키스트로서 권력에 대한 본능적 불신에서 조사를 시

일흔다섯 번째 생일에 아룬다티 로이와 함께. 아룬다티 로이는 촘스키를 "가장 위대하고, 급진적인 민중사상가"라고 평했다.

작한다. 그는 우리에게 미국 권력집단의 난맥상을 보여주고, 미로처럼 복잡한 길 끝에 정부와 대기업 그리고 여론을 조종하는 기업이 있다는 사실을 증명해보인다.[68]

로이는 촘스키가 열여덟 살 때 히로시마에 떨어진 원자폭탄을 생각하며 '처절한 외로움'을 느꼈다고 말하며, "그 외로움이 우리 시대에 가장 위대하고, 급진적인 민중사상가를 키워냈다. 언젠가 태양이 아메리카 제국에서 지더라도, 또 반드시 그런 날이 오겠지만, 노엄 촘스키의 저작은 살아남을 것이다"고 결론지었다.[69] 촘스키를 향한 적절한 찬사가 아닐 수 없다.

논란의 여지가 있겠지만, 나는 지금까지 발표된 촘스키의 정치 관련 저서 중에서 《패권인가 생존인가Hegemony or Survival: America's Quest for Global Dominance》(2003)가 가장 중요하다고 생각한다. 이 책에서 촘스키가 뭐라고 말했는지 살펴보자. 촘스키는 로이가 위에서 언급한 미국의 제국주의를 완전히 발가벗겨 버렸다. 처음부터 "인류는 패권을 쥐고 싶은 충동을 이겨내지 못할 것인가?"라고 묻는다. 인류는 단시간에 지구를 지배하는 게임에서 승리하고는 자멸의 길을 걸을 것인가 아니면 '어리석은 존재'로 만족하고 '딱정벌레와 박테리아'처럼 살아남을 것인가. 어떤 의미에서 딱정벌레와 박테리아는 인류보다 훨씬 성공적으로 살아남은 존재이지만, 인류는 첫 번째 방향을 선택할 가능성이 큰 듯하다. 촘스키라면 우리를 아마겟돈으로 몰아가는 정책과 계획, 사건을 끝없이 나열할 수 있을 것이다.

하지만 미 정부는 서민과 노동자, 즉 보통 사람들의 눈을 다른 곳으로 돌려놓아야 패권을 잡으려는 자신들의 목표를 이룰 수 있다. 촘스키에 따르면, 대중을 속이는 것이 모든 정부의 역할이다. "채찍으로 순종을 끌어낼 수 없는 자유 사회에서는 대중을 속이는 것이 무엇보다 중요하기 때문이다."[70]
4장에서 좀더 자세히 살펴보겠지만, 이런 목표는 여론 조작
자, 즉 매스미디어의 정교한 프로파간다와 자체 검열로 달성
된다. 따라서 촘스키는 미국 정치·경제 엘리트들의 '제국주
의적 대전략imperial grand strategy'을 해부했다. 사실 이 개
념의 진짜 속내는, 원하면 언제라도 전략의 방향을 수정할
수 있다는 뜻이다. 예컨대 이라크 침공 후 대량살상무기가
발견되지 않자 미국은 대량살상무기를 개발할 의도와 역량
을 가진 국가를 공격하는 것이라고 뻔뻔스럽게 말을 바꾸었
다. 따라서 "대전략의 수정판은 미국이 자의적으로 공격
(right of arbitrary aggression)할 구실을 실질적으로 부여했
다"고 촘스키는 노골적으로 비판했다.[71] 국제법과 국내법은
미국의 필요에 따라 수정돼야 한다. 미국이 비준한 조약과
유엔 협정도 아무런 쓸모가 없다. 모든 것이 미국의 '고결한
의도', 즉 자유를 위한 미국의 투쟁으로 설명돼야 한다. 결
국, 미국의 편에 서지 않는 나라는 미국의 적이다. 대중의
귀에는 달콤하게 들리는 이런 미사여구가 독재자들의 말과
조금도 다르지 않다. 히틀러나 후세인 같은 독재자들도 말로
는 고결한 이상을 구현하기 위한 것이라고 했다. 서방 세계
의 '계몽된' 자유 국가가 '테러와의 전쟁'을 비롯해 많은 간

섭과 침략을 행하면 도덕적으로 옳고 정의로운 행동이라는 등식은 어떤 예외도 없다지만, 촘스키는 우리에게 동티모르와 코소보를 생각해보라며 목소리를 높인다. 토니 블레어 Tony Blair 영국 총리의 보좌관을 지낸 로버트 쿠퍼Robert Cooper의 말도 인용한다. 쿠퍼는 "식민지 건설은 여느 때와 마찬가지로 무척 필요하다"고 말했다.[72]

물론 야만인을 위한 식민지 건설이므로, 야만인들은 서방 세계의 법을 감사한 마음으로 받아들여야 한다. 지금 세계는 신봉건주의 세계 질서로 추락해가고 있다. 제국주의자 미국은 '자발적인 동맹'에 어려운 일을 떠넘기고, 자신은 외부의 영향권에서 멀찌감치 벗어나 있다. 그러나 위성국이 문제를 일으키면 '정권 교체regime change'가 예외 없이 뒤따른다. 미국의 전통적인 우방도 이 원칙에서 벗어날 수 없다. 촘스키는 이라크를 예로 들며, 부시 행정부가 미국의 의지를 관철할 수 있는지 확인하기 위한 시험 장소로 이라크를 택할 것이라고 결론을 내렸다. 군인 수천 명쯤은 희생시킬 각오가 된 탓에 "무력으로 세계를 지배하겠다는 (…) 의도를 공개적으로 밝혔다"[73]는 것이다.

세계 지배는 일단 성취되면 그것으로 끝나는 것이 아니다. 과거의 많은 제국이 그랬듯이, 기업과 무역을 독점해서 이윤의 폭을 확대하기 위한 끊임없는 전투가 뒤따른다. 너무 크게 떠벌려진 '자유시장'은 이제 '자유롭지' 않으며, 소수의 과점 기업이 서로 싸워 거대한 파괴의 현장만을 뒤에 남긴다. 촘스키는 이런 현상을 《패권인가 생존인가》 6장 〈지배의 딜레마〉에서 증명해보였다. 미국-유럽-아시아 삼극 체제로 이루어진 무역지대는 이익을 추구하는 방향으로 움직이며, 삼극에 속한 나라들은 각자 자국의 이익을 위해 서로 비열한 짓도 마다하지 않는다. 보조금을 두고 미국과 유럽 간에 무역 전쟁이 터진다. 또 중국은 끝없이 수출하려고 욕심을 부릴 것이고, 미국이 이런 불공정한 거래를 비난하면서 미국과 중국의 관계도 불안해진다. 더구나 삼극은 지적재산권 도용이라는 해묵은 난제도 풀어야 한다. 자본주의 전쟁의 위험이 나날이 커진다.[74]

예전처럼 중요한 문제는 중동에서 펄펄 끓는 '증오의 솥'이다. 이스라엘은 대량살상무기로 완전히 무장했다. 이스라엘이 이웃한 국가들에 대한 통제력을 상실하면 미국의 절대적인 묵인 아래 대량살상무기가 실전에 배치될 가능성이 높다. 실제로 "팔레스타인과 이스라엘의 공식적인 사망자 비율이 20 대 1에서 3 대 1로 바뀌자 미국의 태도는 무관심에서 잔혹 행위로 바뀌거나, 잔혹 행위를 방약무인할 정도로 지원하고 나섰다. 요컨대 미국의 충실한 위성국에 가해지는 잔혹 행위는 용서하지 않았다."[75]

아라파트(팔레스타인 자치정부 수반, 1929~2004)가 이로 인해 죽지는 않았겠지만, 부시 행정부는 아라파트의 손발을 성공적으로 묶어놓았고, 이후 팔레스타인은 미국의 외교정책을 고분고분 따랐다. 그러자 미국은 콘돌리자 라이스 국무장관을 앞세워 팔레스타인에 민주주의를 심어주려고 심혈을 기울였다. 그러나 샤론Sharon 이스라엘 총리가 팔레스타인에 준 '선물', 즉 가자지구에서 점진적으로 철수하는 것은 중동 평화를 바라는 민중의 심정을 달래기에는 턱없이 부족했다.

촘스키는 9·11사태의 산물인 '테러와의 전쟁'에 다시 눈을 돌린다. 미국과 영국 정부가 정의한 '테러' 개념을 그들 자신에게 적용하면 동일한 범죄에 대한 책임이 그들에게도 돌아가야 할 것이다. 그러나 양국 정부는 그런 '미친 생각'을 대중적 담론에서 지워내는 데 성공했다. 따라서 촘스키는 힘들게 수학적 계산을 해야 했다. 9·11사태로 희생된 사람은 3000명 남짓이지만, 미군의 직접적인 테러로 인해 희생당한 사람은 서류상으로만 봐도 수십만 명에 이른다고! 《패권인가 생존인가》는 미국 우익의 분노를 폭발시켰다. 많은 자유주의자도 분노했다. 하지만 미국의 위성국에서 지식인 행세를 하는 사람들이 끼어들어 그들의 마음을 달래주었다. 그 대표적인 지식인이 오스트레일리아의 학자이자 출판인인 케이스 윈드셔틀Keith Windshuttle이다. 윈드셔틀은 잡지 《새로운 기준The New Criterion》에 〈노엄 촘스키의 위선The Hypocrisy of Noam Chomsky〉이란 글을 기고했다.

> 촘스키는 뉴욕과 워싱턴에 대한 알 카에다의 테러 공격을 합리화한, 미국에서 가장 저명한 지식인이었다. 그의 주장에 따르면, 9·11사태로 인한 사망자 수는 '훨씬 극악한 테러'인 미국의 외교정책에 의한 제3세계의 희생자 수에 비하면 미미한 것이었다. 수학적 계산으로 주류 의견을 뭉개버렸지만, 그 감상적 의도는 촘스키의 지지자들에게 제대로 전달됐다. 현재 좌파 학계와 지식인 세계에서 그만큼 인기를 누리는 사람이 없다. (…) 촘스키가 널리 알리기 위해 진력을 다했다는 좌파의 정치적 행동주의가 이제는 민망할 정도로 추락해버렸다는 사실에서 촘스키의 위선이 극명하게 드러난다.[76]

촘스키를 향한 이런 감정적 공격은 지천이다. 촘스키가

'원하지 않는 사실을 사라지게 하는 기술'이라 칭한 것에 정통한 가짜 지식인도 무수히 많다. 미국이 다른 나라에 강요하는 기준을 정작 미국은 지키지 않는다. 이런 명백한 사실이 테러의 주된 원인이다. 미국의 위선이 정의감을 가진 사람들에게 극단적인 반감을 불러일으키고, 테러를 당한 사람들은 테러로 복수하는 것이다.

《패권인가 생존인가》의 마지막 장에서 촘스키는 서론에서 제시한 질문으로 다시 돌아간다. 그가 공들여 세심하게 그려보인 씁쓰레한 시나리오가 맞다면 작은 희망이라도 존재하는 것일까? 그가 말한 대로 '덧없는 악몽'에 불과한 것일까? 이런 '악몽' 시나리오를 확실히 납득시키기 위해 그는 핵재앙의 실질적인 가능성을 제시한다. 그는 세계 여론을 의식하면서도 양심껏 사실대로 썼다. 옛 소련에만 약 4만 기의 핵무기가 부패한 권력자들에게 쥐어져 있지만, 미국의 프로파간다는 무시해도 좋을 이란과 북한의 핵위협에만 눈길을 돌리고 있다. 부시와 럼스펠드가 레이건의 '스타워즈' 프로그램을 광신적으로 이어받는 바람에, 우발적 사고로 인한 핵전쟁의 위험이 나날이 커져간다. 상호확증파괴(Mutual Assured Destruction, 적이 핵공격을 해올 경우 적의 미사일 등이 도달하기 전에 또는 도달한 후 생존해 있는 보복력을 이용해 상대편도

전멸시키는 핵전략. 핵전쟁이 일어나면 누구도 승리할 수 없다는 전제 아래 행하는 핵 억제 전략이다—편집자)라는 냉전시대의 원칙이 사라졌으니, 펜타곤은 선제 핵공격의 모델을 만드느라 바쁘다. 미국이 정말로 이런 파국적인 수단까지 동원할까? 케네디는 쿠바 미사일 위기 때 거의 그럴 뻔했다. 하지만 부시라면 그렇게 망설이고 주저하지 않을 것이다. 미국 기업들도 부시 못지않을 것이다. 미국 정부가 교토의정서에 동의하지 않은 것도 결국 기업의 막강한 힘에 굴복한 것이 아니고 뭐겠는가! 스포츠형 다목적 차량만으로도 공해에 찌든 지구를 구할 수 있는 처방이었는데도 말이다. 부시 행정부가 입장을 바꿀 조짐은 조금도 보이지 않는다. 이런 상황에서 우리는 어떻게 해야 할까?

촘스키는 이 물음과 관련해서 다른 사람들에게 이래라저래라 말한 적이 없다. 하지만 그가 취해야 할 답은 찾아냈고, 우리에게는 결심하라고 요구한다. 우리도 이제는 진실을 알기 때문에 개인적인 결론을 스스로 내려야 하기 때문이다. 행동할 것인가 말 것인가. 행동하기로 결심하더라도, 비슷한 결론에 이른 사람들과 연대해서 행동하더라도 그 결과가 좋으리라 장담할 수는 없다. 하지만 촘스키는 이 부분에서도 여전히 낙관적이어서 "그래 봤자 미래는 여전히 암울할 것이

2001년 인도에서 강연하는 촘스키.

라는 성급한 결론은 큰 잘못이다"고 말한다.[77] 그는 제3세계에서 벌어진 연대운동을 예로 들어 미국 안팎에서 인권이 어떻게 향상돼왔는지 설명한다. 또 세계사회포럼에서 천명한 범세계적 정의 구현 운동을 적극 지지하며, 뭄바이에서 열린 세계사회포럼 개막 연설에서 아룬다티 로이가 말한 대로 "다른 세계가 가능하다!"고 거듭 주장한다. 이제 선택은 우리의 몫이다. 그러나 그는 이원적 자질이란 생물학적 원리를 따라, 우리가 선택할 길은 둘 중 하나라고 말한다.

현대사의 흐름에서는 두 방향이 뚜렷이 구분된다. 하나는 우리의 생존을 위협하고 광신적 교조주의에 사로잡혀서도 합리적으로 행동하며 패권을 움켜쥐려는 방향이고, 다른 하나는 '다른 세계가 가능하다'는 믿음을 충실하게 따르는 방향이다. (…) 두 번째 방향은 이데올로기적 체제에 저항하고, 건설적인 대안을 생각하고 행동하며 제도를 새롭게 만들어가려 애쓴다. (…) 악몽이 모든 것을 삼켜버리기 전에 우리가 하루라도 빨리 악몽에서 깨어나서, 평화와 정의와 희망을 조금이라도 이 세상에 안겨주는 것이 중요하다. 지금이라도 우리가 결심만 한다면 그 꿈은 얼마든지 이뤄낼 수 있다.[78]

《패권인가 생존인가》를 출간한 이후 촘스키는 거의 비슷한 식으로 거듭해서 목소리를 높였다. 불굴의 투사답게 주위 눈치를 보지 않고 그 메시지를 반복해서 외쳐댔다. 2001년 촘스키는 인도에서 라크다왈라(인도 경제학자) 추모강연을 했다. 2004년과 2005년 초에는 피렌체, 테살로니키, 아테네, 헝가리, 런던, 옥스퍼드, 맨체스터, 리버풀, 올덴버그, 에든버러, 베를린, 라이프치히, 류블랴나, 노비그라드, 볼로냐 등에서도 강연했다. 북아메리카에서도 숱하게 했다. 그는

2002년과 2003년 브라질에서 열린 세계사회포럼에 참석했으며, 2002년에는 한 출판업자를 돕기 위해 이스탄불에 머물렀다. 터키의 쿠르드 지역을 여행하면서는 억압받는 쿠르드인들을 대신해 목소리를 높였다. 2003년에는 라틴아메리카 사회과학자협회(CLASCO) 회장의 초청을 받아 쿠바를 방문했다. 귀국해서는 쿠바에 가한 미국의 금수 조치를 격렬히 비난했다.

닐 스미스의 《촘스키의 사상과 이상 *Chomsky: Ideas and Ideals*》에 따르면, 촘스키는 미국의 잘못된 외교정책으로 내홍을 겪은 46국을 심도 있게 다루었다. 스미스의 책이 1999년에 출간됐으니, 여기에 터키와 파키스탄, 아프가니스탄 이외에 소련이 붕괴된 후 지금까지 내분에 시달리는 옛 소련의 많은 위성국이 새로 추가돼야 한다. 더구나 9·11사태 이후로는 전 세계가 미국의 외교정책 때문에 몸살을 앓는다고 해도 과언이 아니다.

**1** Harry Kreisler, ‘Conversation with Noam Chomsky’(Berkeley, 2002). http://www.Chomsky.info/interviews/20020322.htm(2005 년 7월 1일 현재).

**2** 위의 글.

**3** Rudolph Rocker, *Anarchism and Anarcho-Syndicalism*, (London, 1973). 첫 판본이 여러 소책자 형태로 나돌지만 한결같이 출판일자가 명확하지 않다. 루돌프의 전반적인 문헌 목록은 http://flag.blackend.net/rocker/biblio.htm을 참조할 것(2005년 7월 1일 현재). 이 책에서 인용한 글은 http://flag.blackend.net/rocker/assigind.htm#struggle에서 참조한 것이다(2005년 7월 1일 현재). D. Ward가 운영하는 아나키스트 문고, http://dwardmac.pitzer.edu/Anarchist_Archives/index.html에도 로커의 저작이 실려 있다(2005년 7월 1일 현재). 뉴욕 유대인 아나키스트들의 주간지로 촘스키도 즐겨 읽었던 《자유 노동자의 목소리》에 로커가 〈에스파냐의 비극〉을 기고한 것은 1937년이었다.

**4** Roderick Kedward, *The Anarchists*, (London, 1971), p. 13.

**5** Rudolph Rocker, ‘Anarchism and Sovietism’, http://flag.blackend.net/rocker/soviet.htm을 참조할 것(2005년 7월 1일 현재).

**6** Noam Chomsky, *Hegemony or Survival*, (Crows Nest, NSW, 2003), p. 189.

**7** Roderick Kedward, *The Anarchists*, (London, 1971), p. 14.

**8** Harriet Feinberg, *Elsie Chomsky: A Life in Jewish Education*, (Cambridge, MA, 1999), p. 17.

**9** Neil Smith, *Chomsky: Ideas and Ideals*, (Cambridge, 1999).

**10** Rudolph Rocker, *Anarcho-Syndicalism: Theory and Practice. An*

*Introduction to a Subject which the Spanish War Has Brought into Overwhelming Prominence*, (London, 1938).

**11** Bertrand Russell, *Roads to Freedom*, (제3판, London, 1948), p. 6.

**12** Robert F. Barsky, *Noam Chomsky: A Life of Dissent*, (Cambridge, MA, 1998), p. 47.

**13** 위의 책, 2장: 'Zelling Harris, Avukah and Hashomer Hatzair'.

**14** 위의 책, p. 121.

**15** 위의 책.

**16** '레지스트'의 웹사이트 인용. http://www.resistinc.org/resist/board.html#paullauter(2005년 7월 1일 현재).

**17** http://www.resistinc.org/index.html(2005년 7월 1일 현재).

**18** http://www.resistinc.org/the_call.html(2005년 7월 1일 현재).

**19** Robert F. Barsky, *Noam Chomsky: A Life of Dissent*, (Cambridge, MA, 1998), p. 129.

**20** Ron Chepesiuk, *Sixties Radicals, Then and Now*, (Jefferson, NC, 1995), pp. 133~146.

**21** Chomsky, 개인적인 대화.

**22** Noam Chomsky, *American Power and the New Mandarins*, (New York, 1969), p. 93.

**23** 위의 책, p. 297.

**24** Neil Smith, *Chomsky: Ideas and Ideals*, (Cambridge, 1999), 뒤표지.

**25** Robert F. Barsky, *Noam Chomsky: A Life of Dissent*, (Cambridge, MA, 1998), p. 138.

**26** 위의 책, p. 161.

**27** 원고와 판금에 대한 얘기는 http://mass-multi-media.com/CRV/를 참조할 것(2005년 7월 1일 현재).

**28** Rudolph Rocker, *Anarcho-Syndicalism: Theory and Practice. An Introduction to a Subject which the Spanish War Has Brought into Overwhelming Prominence*, (London, 1938), p. 31.

**29** 위의 책, p. 94.

**30** Diego Abad de Santillan, *After the Revolution*, (New York, 1937), p. 86.

**31** Michael Bakunin, *Bakunin on Anarchy*, ed. and trans. Sam Dolgoff, (New York, 1972).

**32** Noam Chomsky, 'Notes on Anarchism', in For Reasons of State (London, 1973). 여기에서 인용된 구절은 촘스키의 공식 웹사이트를 참조했다. http://www.chomsky.info/books/state01.htm(2005년 7월 1일 현재).

**33** Daniel Guérin, *Anarchism: From Theory to Practice*, trans. Mary Klopper, (New York, 1970).

**34** Chomsky, 'Notes on Anarchism'.

**35** Karl Marx, *The Civil War in France*, (New York, 1871, reprinted 1941), pp. 77~78.

**36** Chomsky, 'Notes on Anarchism'.

**37** 위의 글.

**38** 미국 과학자 연맹의 웹사이트에서 인용. http://www.fas.org/irp/world/chile/allende.htm(2005년 7월 1일 현재).

**39** 니카라과의 역사는 http://library.thinkquest.org/17749/mainhistory.html을 참조할 것(2005년 7월 1일 현재).

**40** Noam Chomsky, *On Power and Ideology: The Managua Lectures*, (Boston, 1987), p. 6.

**41** 위의 책, p. 3.

**42** Noam Chomsky and Edward S. Herman, 'The Nazi Parallel: The National Security State and the Churches', in *The Washington Connection and Third World Facism*, (Boston, 1979). http://www.thirdworldtraveler.com/Herman%20/NaziParallelFacism_Herman.html을 참조할 것(2005년 7월 1일 현재).

**43** 콩코르다트의 전문은 http://www.newadvent.org/library/docs_ss33co.htm을 참조할 것(2005년 7월 1일 현재).

**44** http://www.greenleft.org.au/back/2005/621/621p19.htm을 참조할 것(2005년 7월 1일 현재).

**45** Noam Chomsky, *On Power and Ideology: The Managua Lectures*, (Boston, 1987).

**46** Noam Chomsky, 'Central America: The Next Phase', Z Magazine (1998), http://www.zmag.org/chomsky/articles/z8803-CA-next-phase.html을 참조할 것(2005년 7월 1일 현재).

**47** Noam Chomsky, 'Interview', Leviathan, I/1-3(1977), pp. 6~9.

**48** 위의 글.

**49** Noam Chomsky, 'Scenes from the Uprising', Z Magazine(1988), http://www.zmag.org/chomsky/articles/z8807-uprising.html을 참조할 것(2005년 7월 1일 현재).

**50** Noam Chomsky, 'War is Peace', in *Fateful Triangle*, (Boston, 1999). http://www.chomsky.info/books/fateful01.htm을 참조할 것(2005년 7월 1일 현재).

**51** Noam Chomsky, 'Interview', Shmate: A Journal of Progressive Jewish Thought, 20(1998), pp. 24~32. 이 글은 녹취한 인터뷰가 아니고 대화를 받아쓴 것이다.

**52** Deborah E. Lipstadt, 'Deniers, Relativists and Pseudo-Scholarship',

Dimensions, Ⅵ/1(1991). http://www.adl.org/Braum/dim_14_
1deniers_print.asp?&MSHiC=1252&l=10&w=chomsky+CHO
MSKY+&Pre=%3CFONT+STYLE%3D%22color%3A+%2323000
000%3B+background%2Dcolor%3A+%23FFFF00%22%3E&Post=
%3FFONT%3E을 참조할 것(2005년 7월 1일 현재).

**53** Noam Chomsky, *Rogue States*, (Boston, 2000), p. 51.

**54** http://www.motherjones.com/news/special_reports/east_timor/
evidence/nairn.html을 참조할 것(2005년 7월 1일 현재).

**55** Alex Burns, 'Operation Mindcrime: The Selling of Noam Chomsky'
(2001). http://disinfo.com/archive/pages/article/id589/pg1/을 참
조할 것(2005년 7월 1일 현재).

**56** 위의 글.

**57** 위의 글.

**58** 위의 글, p. 3에서 인용.

**59** 위의 글, p. 8.

**60** Keith Locke, 《Otago Daily Times》 and 《The Evening Post》, 1998년
11월 23일.

**61** Noam Chomsky, *Hegemony or Survival*, (Crows Nest, NSW,
2003), p. 54.

**62** East Timorese Movement Against the Occupation of the Timor
Sea(2004년 4월 19일). 전문은 http://etan.org/news/2004/04mkott.
htm을 참조할 것(2005년 7월 1일 현재).

**63** Noam Chomsky, *Noam Chomsky 9-11*, (New York, 2001), pp. 93
~94.

**64** 위의 책, p. 116.

**65** Seven Stories Press의 웹사이트 http://www.sevenstories.com/about/

을 참조할 것(2005년 7월 1일 현재).

**66** Arundhati Roy, 'Do Turkeys Enjoy Thanksgiving?', 2004년 1월 16일 뭄바이 세계사회포럼의 개막 연설 전문은 http://www.countercurrent. org/wsf-roy190104.htm을 참조할 것(2005년 7월 1일 현재).

**67** Arundhati Roy, 'The Loneliness of Noam Chomsky', 《The Hindu》, 2003년 8월 24일.

**68** 위의 글.

**69** 위의 글.

**70** Noam Chomsky, *Hegemony or Survival*, (Crows Nest, NSW, 2003), p. 7.

**71** 위의 책, p. 14.

**72** 위의 책, p. 62.

**73** 위의 책, p. 143.

**74** 위의 책, p. 156.

**75** 위의 책, p. 185.

**76** Keith Windshuttle, 'The Hypocrisy of Noam Chomsky'(2003), 전문 http://www.newscriterion.com/archive/21/may03/chomsky.htm #을 참조할 것(2005년 7월 1일 현재).

**77** Noam Chomsky, *Hegemony or Survival*, (Crows Nest, NSW, 2003), p. 235.

**78** 위의 책, pp. 236~237.

# 4장

# 신문을 읽는 촘스키

# 미디어 분석 전문가

정치와 시사 문제를 다루는 촘스키의 강연은 주로 그날 아침 신문을 인용하는 것으로 시작되며, 그 기사는 그가 강연에서 주장하는 내용을 뒷받침해주곤 한다. 촘스키는 아침 식사를 하면서 신문 네다섯 개를 읽는다. 《보스턴 글로브》《뉴욕 타임스》《월 스트리트 저널》《파이낸셜 타임스》《크리스천 사이언스 모니터》 등이 그것들이며, 주간지 《워싱턴 포스트 위클리》도 구독한다. 외국에서 머물 때는 가능하면 그 나라의 중도좌파계 일간지를 주로 읽는다. 촘스키는 아주 오래전부터 신문을 꾸준히 읽어왔다. 이모부가 운영하던 신문 가판점에서 일했던 까닭에 신문은 촘스키의 삶에서 어린 시절부터 중요한 위치를 차지했다.

신문 가판점은 아주 활기차고 지적인 곳이었다. 다양한 전공의 교수들이 밤새 토론을 벌였다. 신문 가판점에서 일하는 것은 무척 재밌었다. (…) 신문 가판점은 일종의 가공물과도 같았다. 일례로 나는 '뉴스인미러Newsinmira' 란 신문이 정말로 있는지 한동안 궁금해했다. 그 이유는, 지하철역에서 나온 사람들이 종종걸음으로 신문 가판점으로 달려와서는 '뉴스인미러'라고 말했기 때문이었다. 그 말을 들을 때마다 나는 그들에게 타블로이드판 신문 둘을 주기는 했지만, 그 둘이 《뉴스》와 《미러》라는 사실은 한참 후에야 알았다. 여하튼 그들은 '뉴스인미러'를 받자마자 스포츠면부터 들춰보았다. 여덟 살 소년의 눈에 비친 세상의 모습은 그랬다. 신문 가판점이라 당연히 신문이 있었지만 신문만 있는 것은 아니었다. 그곳은 논쟁거리를 끊임없이 제공하는 곳이었다.[1]

어렸지만 촘스키는 《뉴스》와 《미러》 같은 신문은 스포츠 면이 있다는 이유만으로 모든 사람이 구입하지만, 시사 문제를 다룬 소책자와 신문, 잡지 등은 누구도 사지 않는다는 것을 어렵지 않게 눈치 챌 수 있었다. 왜 그럴까. 촘스키라면 웨스트 17번가 45번에 있던 《자유 노동자의 목소리》 사무실을 드나들면서 그 이유를 깨달았을 것이다. 직원이 거의 자원 봉사자이던 그 주간지는 그야말로 쥐꼬리만 한 예산으로 운영됐다. 주간지의 판매 대금이 유일한 수입원이었지만 주간지를 사 보는 사람은 손가락으로 꼽을 정도였다. 크고 작은 기업체에서 받는 광고비도 변변찮았다. 하기야 사유재산을 인정하지 않는 매체였으니 광고 수익에는 기댈 생각조차 하지 않았을 것이다. 그들은 정보를 널리 알리는 데 만족했다. 그야말로 좋아서 하는 일이었다.

반면에 타블로이드판 신문은 큰 사업이었다. 촘스키가 당시 윌리엄 랜돌프 허스트William Randolph Hearst의 신문 제국의 본부를 방문했더라면 《자유 노동자의 목소리》를 읽지 않고도 빈부의 차이를 깨달았을 것이다. 게다가 타블로이드판 신문의 사회면에서 황홀하게 그려진 부자들, 유명인사들, 권력자들의 아메리칸 드림을 훔쳐보기도 했을 것이다. 이런 얘기를 읽어보십시오! 영화 〈시민 케인〉을 보지 않았습니까! 신문 판매 수익금은 푼돈에 지나지 않지만, 광고로 벌어들이는 수익은 엄청났다. 뉴스를 싣기는 하지만 뉴스는 부차적인 것이었다.

이런 타블로이드 신문이 여론을 형성한다면 생각해봐야 할 문제다. 촘스키는 이에 대해 많은 생각을 했다. 그보다 나이가 훨씬 많은 급진적 사상을 가진 친구들은 타블로이드 신문을 읽는 사람들을 경멸했다. 물론 그런 신문을 사는 사람도 지독히 경멸했다. 하지만 적을 무시만 하지 않고 연구해보면 어떨까? 어린 촘스키는 당시 그렇게 말하지는 않았지만, 결국 과거의 행동주의자들과 달리 미국의 언론산업을 해부하는 미디어 분석 전문가가 됐다. 이제부터 촘스키가 어떻게 그런 경지에 이르게 됐는지 살펴보자.

# 아버지에게서 배운 귀중한 습관

촘스키는 일찍이 아버지에게서 중요한 습관 하나를 배웠다. 학자인 아버지는 텍스트 자체를 중요하게 여겼을 뿐 아니라, 내적인 대화를 자극하는 수단으로 보았다. 말하자면, 텍스트를 읽고 텍스트 자체에 질문을 던지는 식이었다. 그래서 촘스키는 어릴 때부터 텍스트를 해석하고 의문이 나는 것은 보충 자료를 찾아 해결하려 애썼으며, 그 자료들을 체계적으로 정리하는 기술도 터득했다. 자료 정리 방법은 오늘날까지도 온갖 곳에 자료를 무턱대고 쌓아놓는 식이기 때문에, 남다른 기억력과 분석력이 요구되기는 한다. 여하튼 촘스키가 언어학에 진지한 관심을 가졌을 때쯤에는 이런 능력을 십분 발휘해 방대한 양의 자료를 수집한 덕분에 논문과 책을 엄청난 속도로 써 내려갈 수 있었다. 우리도 매일 신문을 읽으면서 방대한 양의 정보를 받아들인다. 하지만 그 정보가 무작위적이고 서로 관련도 없어 다음 날이면 대부분 잊어버린다. 하지만 그런 정보를 알고 있으면 유용하리라는 생각에 그 정보를 어디에서 읽었는지 기억해두려고 애쓰는 사람이 간혹 있다. '쓸모 있는' 쓰레기를 수집하는 사람처럼, 언젠가 써먹을 날을 대비해서 흥미로운 기사를 읽을 때마다 오려서 정리해두는 사람도 있다. 촘스키는 이런 자료 수집 방법을 거의 예술의 경지로 발전시켰다. 그가 정치와 시사 문제에 관해 쓴 책을 보면, 신문에서 인용한 기사를 주註로 처리한 것을 많이 볼 수 있다. 《패권인가 생존인가》에는 모두 456개의 주가 달려 있는데, 그중 212개가 신문과 잡지에서 인용한 것이다.[2] 촘스키가 자주 인용하는 신문과 잡지는 《뉴욕 타임스》 《크리스천 사이언스 모니터》《로스앤젤레스 타임스》《워싱턴 포스트》《파이낸셜 타임스》《월 스트리트 저널》《보스턴 글로브》《가디언》《뉴스위크》《옵서버》《인디펜던트》《아이리시 타임스Irish Times》《이코노미스트》《알 아람 위클리 Al-Ahram Weekly》《하레츠Ha'aretz》《예루살렘 포스트》《뉴스데이Newsday》 등이다. 이런 이유로 촘스키가 출처가 불분명한 것만 인용한다고 비난할 사람은 어디에도 없다.

'활자화되기 적합한 모든 뉴스'를 다룬다는 것이 《뉴욕 타임스》의 원칙이다. 뉴스를 다루는 모든 언론이 지켜야 할 원칙이기도 하다. 하지만 무엇이 활자화되기 적합하고 그렇지 않은지를 결정하는 사람의 편집 정책을 뻔뻔하게 옹호하는 말이기도 하다. 사실 어떤 뉴스거리가 활자화하기에 적합하다고 판단될 때도 그 뉴스는 무척 다채로운 관점에서 보도될 수 있다. 어떤 신문이나 정치적 편향성을 갖기 마련이다. 대안 언론도 다를 바가 없다. 신문이 특정 독자층을 대변해서 보도하느냐 아니면 새로운 독자층을 만들어내야 하느냐는 문제는 논쟁의 여지가 많지만 그 결과는 똑같다. 1896년 《데일리 메일Daily Mail》이 영국에서 창간됐을 때 솔즈베리 Robert Salisbury 후작은 '사무직을 위해 사무직이 쓴 것'이라고 그 공생적 관계를 집약해서 표현했다.[3] 촘스키는 어렸을 때부터 그런 관계를 분명히 알았다. 언론이 정부와 기업계의 정직성을 감시하는 '제4계급fourth estate'이기도 하지만, 언론이 프로파간다의 도구로 전락하면 악랄한 힘을 갖게 된다는 것도 알았다.

물론 촘스키는 다방면으로 독서를 하면서 그런 사실을 깨달았겠지만, 특히 오웰의 글을 읽고 나서 의혹이 확신으로 바뀌어갔을 듯싶다. 오웰은 《1984》에서 전체주의 국가에서

1998년 뉴질랜드에서 저자(왼쪽에서 두 번째)와 촘스키 부부.

애매한 말로 국민을 기만하는 언어인 '신언어newspeak'를
말한다. 언어 자체가 프로파간다의 도구로 전락해버린 것을
상징하는 신언어는 이후로 많은 기사에서 적용됐다. 오웰은
자신이 직접 읽은 것과 본 것을 시간 순으로 기록하면서, 그
둘 간의 모순을 무서울 정도로 정직하고 재치 있게 써 내려
간 기자였다. 촘스키는 이런 오웰의 초기 저작에 완전히 매
료됐다. 이런 점에서 처음에 촘스키는 주류 언론의 보도와
아나키즘적 생디칼리즘을 지향한 소책자 간의 차이를 집중
적으로 파고들었다. 따라서 오웰의 글쓰기 방식을 따른 것은
당연한 듯하다.

촘스키는 세계를 여행하기 시작하면서, 매일의 국제뉴스에서 보도되는 것과 그렇지 않은 것을 실제로 보고 겪으면서 세상을 보는 시야를 넓혀갔다. 또 오웰이 그랬던 것처럼, 자신이 직접 보고 경험하거나 조사한 것과, 미국에서 보도되는 것이 어떻게 다른지 분명히 인식할 수 있었다. 이런 점에서 "그 후로, 두 출처가 보여주는 세계의 거리를 측정하고, 그런 차이가 존재하는 이유를 추적하는 데 촘스키는 끝없이 매달렸다"는 바스키의 지적은 정확했다.[4] 여기에서 중요한 단어는 '거리의 측정'이다. 이 부분에서 오웰과 촘스키는 달랐다. 촘스키는 차이를 '측정'하는 데 과학적 방법을 적용했다. 따라서 위대한 문학 작품이 아니라, 매스미디어의 역할을 정밀하게 조사하고 분석한 논문을 성과물로 내놓았다. 그러나 촘스키의 글은 난해한 과학적 전문 용어로 쓰이지 않았다. 그 때문인지 촘스키는 '평이한 언어로 정직하고 명료하게 뛰어난 글을 쓴 공로'로 전국영어교사협회가 수여하는 오웰상을 두 번이나 받았다. 그의 어법이 가끔 난해하고 따라가기 어렵다는 비판이 있다는 점에 비춰볼 때 오히려 더 어울리는 상인 듯하다.

# 여론은 어떻게 조작되는가

에드워드 허먼과 노엄 촘스키의 의기투합이 없었더라면, 미디어의 속성을 면밀하게 분석한 역작은 탄생하지 못했을 수도 있다. 둘은 1960년대 후반에 처음 만났다. 당시 허먼은 펜실베이니아 대학교 워튼 스쿨에서 재정학을 가르치는 강사였지만 미디어 분석, 특히 베트남전쟁에 관한 보도의 분석에 남다른 열정을 갖고 있었다. 허먼과 촘스키는 이 문제에 관해 편지를 주고받으며, 그들이 이미 썼거나 앞으로 쓰려는 글에 대해 생각을 나누었다. 그리고 얼마 후, 뭔가를 함께 써보자는 결론에 이르렀다. 그렇게 해서 탄생한 첫 결실이 《반혁명적 폭력: 대학살의 진상과 프로파간다*Counterrevolutionary violence: Bloodbaths in fact and propaganda*》

(1973)였다. 앞 장에서 말했듯이 이 책은 인쇄까지 끝내고도 출판사의 모회사, 즉 워너 커뮤니케이션스의 방해로 유통되지 못했다. 출발은 좋지 못했다. 프랑스어판이 1974년에 발간됐지만 촘스키와 허먼의 마음에 들지 않았다. 촘스키는 "당시 프랑스 좌파의 이데올로기적 욕구를 만족시키기 위해 오역됐다"고까지 말했다.[5] 촘스키와 허먼은 원래 원고를 꾸준히 다듬었다. 마침내 개정, 보강한 것이 1979년에 2권으로 발간된 《인권의 정치경제학》에 담겼다. 훗날 허먼은 《반혁명적 폭력》의 원래 원고를 게시하려는 한 웹사이트 운영자에게 이렇게 알렸다.

촘스키와 내가 《반혁명적 폭력》을 크게 개정해서 1979년에 《인권의 정치경제학》이라는 2권으로 출간했다는 사실을 잘 알고 있으리라 믿습니다. 첫 권, 《워싱턴 커넥션과 제3세계 파시즘》의 서문에서 우리는 《반혁명적 폭력》이 발매 금지된 이유를 간략하게 밝혔습니다. 《반혁명적 폭력》의 원문을 당신의 웹사이트에 올리고자 한다면, 이 책이 크게 개정·보강돼서 2권의 책─첫 권은 《워싱턴 커넥션과 제3세계 파시즘》, 2권은 《대격변 이후: 전후 인도차이나와 제국주의적 이데올로기의 부활》─으로 사우스

엔드프레스에서 출간됐다는 서문의 내용을 반드시 밝혀주시기 바랍니다.[6]

첫 노력의 결실이 이처럼 어렵게 잉태됐지만 촘스키와 허먼은 좌절하지 않고 끈질기게 연구를 계속했고, 마침내 《여론 조작: 매스미디어의 정치경제학 *Manufacturing Consent: The Political Economy of the Mass Media*》(1988)을 발표했다. 이 책은 그 후로 지금까지 미디어 감시자들에게 고전古典이 됐다. 촘스키와 허먼은 책의 앞부분에서, 그들이 미국 언론에 적용하려고 제시한 '프로파간다 모델'이란 개념은 새로운 것이 아니라고 분명히 밝혔다. 실제로 '여론 조작 manufacturing consent'이란 단어는 1920년대 미국 언론계에서 활동한 칼럼니스트, 월터 리프먼 Walter Lippmann이 처음 사용했다. 그러나 촘스키와 허먼이 제시한 분석 방법은 참신했다. 특히, '시장의 힘이 미친 결과를 고려한 자유시장의 분석'이란 점에서[7], 경제학과 재정학 전문가였던 허먼은 자신의 역량을 마음껏 발휘할 수 있었다. 그들의 분석에 따르면, 자유시장은 결코 자유롭지 않았다. 자발적인 자체 검열로 '관리되는 시장'에 훨씬 더 가까웠다.

이쯤에서 '자유시장 free market'이란 단어가 어떻게 사용되

느지 잠시 살펴보자. 비유해
서 말하면, 이 단어는 사회주
의라는 성난 황소 앞에서 자
본주의자 투우사가 흔들어대
는 붉은 천과 비슷하다. 좌파
는 자유로운 자본주의 시장에
는 교정돼야 할 것을 빈틈없
이 교정하는 '보이지 않는
손'이 있다고 주장하는 아담
스미스Adam Smith를 비웃는

《여론 조작》 표지.

다. 놀랍게 들리겠지만, 그런데도 촘스키는 아담 스미스와 그의 책 《국부론》(1776)을 두둔하며, 스미스는 결코 그런 말을 한 적이 없다고 주장한다. 오히려 촘스키에 따르면, 스미스는 개별 노동자의 노력이 상류계급의 어떤 노력보다 '공익common good'에 기여한다고 말했다.

각 개인은 소속된 사회의 연간 수입을 극대화하기 위해 최선을 다해 일한다. 그런데 그들은 이익을 향상시키겠다는 큰 뜻도 갖지 않고, 그들이 공공의 이익을 얼마나 향상시키고 있는지도 모른다. (…) 외부의 산업보다 그가 속한 산업을 지원하고 싶어 하며, 자신의 안위만을 걱정한다. 또한 그들이 속한 산업이 최대의 가치를 창출하도록 끌어가면서 자신의 이익만을 꾀한다. 많은 다른 경우와 마찬가지로, 이 경우에서도 그들은 자신의 의도가 조금도 개입되지 않는 결과를 지향하는 '보이지 않는 손'에 이끌리기 마련이다. 그 결과에 개개인의 의도가 전혀 개입되지 않았다고 해서 그 결과가 항상 사회에 나쁜 것은 아니다. 개개인이 사회적 공익을 향상시키겠다는 의도로 일할 때보다, 자신의 이익을 추구하며 일할 때 사회의 이익에 더 효과적으로 공헌하는 듯하다. 공공의 이익을 위한 것이라며 거래에 영향력을 행사한 사람들이 크게 바람직한 결과를 창출한 경우를 나는 전혀 본 적이 없다.[8]

촘스키에 따르면, '자유시장'에 대한 스미스의 주장이 잘 못 해석됐다. 오늘날의 자본주의는 결코 '자유롭지' 않다. 터무니없이 들릴 수도 있겠지만, 정부나 기업의 상부구조에 간섭받지 않고 개개인이 자유롭게 거래와 교환에 종사할 수 있어야 한다는 스미스의 생각, 즉 정부나 기업의 상부구조가 상황을 빌미로 개인의 자유를 억누르고 통제하며 금지하려는 어떤 시도도 없어야 한다는 생각은 아나키즘적 생디칼리즘의 생각과 크게 다르지 않다. 또한 촘스키는 로커를 인용해서, 스미스 등과 같은 고전주의자가 받아들인 고전 자유주의가 자본주의라는 바윗덩이에 맞아 산산조각 났다며, 아나키즘적 전통이야말로 고전 자유주의를 계승하는 이념이라 주장했다.

어쨌든 '자유'를 사회주의적 자유주의자의 의미로 해석할 때, 허먼과 촘스키가 보여주었듯이 '자유시장'이란 뜻은 '자유 언론free media'에 그대로 적용될 수 있다. 그럼 "왜 언론은 자유롭지 않은가?"라는 의문이 자연스레 제기된다. 언론이 최악의 경우에 추악한 프로파간다의 도구로 전락하는 이유는 무엇인가? 허먼과 촘스키가 제시한 대답은 급진적 언론 비평계에서는 폭넓게 수용되고 있지만, 아직 주류 비평계에서까지 자리 잡지는 못했다. 허먼과 촘스키의 '프로파간다 모델'에서는 4가지 통제 여과장치를 가정한다.


1. 매체 규모와 소유권, 관리권
2. 기업을 운영하기 위한 광고 사업권
3. 매체에 뉴스를 제공하는 출처
4. 대공포화와 집행자

여과장치 1번부터 시작해보자. 이론적으로는 누구나《자유 노동자의 목소리》나《뉴욕 타임스》같은 신문을 발행할 수 있다.《자유 노동자의 목소리》가《뉴욕 타임스》에 비해 보급망이 훨씬 좁다는 것이 문제의 핵심이다. 또《자유 노동자의 목소리》는 보급을 활성화할 자금력도 없었다. 달리 말하면,《자유 노동자의 목소리》는 산업화시대 이전의 수준으로 운영됐지만,《뉴욕 타임스》는 '언론의 산업화'를 이뤄낸 훌륭한 사례.[9] 대중매체, 즉 매스미디어라는 개념 자체가 '대량생산'과 밀접한 관계가 있어, 처음 시작하려면 어마어마한 자원이 필요하다. 자본과 인적 자원이 대규모로 투자돼야 하기 때문에 시장에서 큰손만이 성공할 수 있다. 허먼과 촘스키가 제시한 자료에 따르면, 1851년에 뉴욕시에서 신문을 발행하려면 초기 비용만 6만 9000달러 정도가 필요했지만, 1920년대에는 600~1800만 달러까지 치솟았다. 요즘에는 얼마나 필요한지 추정한 자료가 없지만 수십억 달러에 육박하리라 본다.

언론재벌 루퍼트 머독은 1980년대 중반 런던에서 제작 설비를 교체할 때 첨단 자동화 시설을 도입해, 인쇄노조에 큰 타격을 입혔을 뿐만 아니라 인건비를 낮춰 이윤율을 엄청나게 높였다. 출판, 라디오, 텔레비전이 하나로 통합된 복합

기업으로 탈바꿈해서 막대한 돈을 긁어모았다. 게다가 머독은 촉수를 전 세계로 뻗어 지금껏 유례가 없던 세계 최대의 언론기업을 탄생시켰다. 가난한 《자유 노동자의 목소리》는 1977년 폐간된 반면에 《뉴욕 타임스》는 꾸준히 더 큰 이익을 창출했다고 해서 놀랄 것은 없다. 따라서 뉴스를 파는 사업은 자동차와 샴푸를 더 많이 팔려고 애쓰는 사업과 크게 다르지 않다. 따라서 안타까운 일이지만, 대중매체를 소유하고 운영하는 사람이 뉴스를 더 많이 팔 수 있다면 어떤 짓이라도 개의치 않으리라는 것은 자명하다. 또한 세제 특혜와 반反노동조합적 법안 등으로 친기업적 환경을 유지하려면 정부와 유착 관계를 맺고 서로에게 유리한 역할을 해줘야 한다. 따라서 허먼과 촘스키는 "정계와 언론의 유착 관계가 인상적이었다"고 빈정거렸던 것이다.[10]

여과장치 2번은 여과장치 1번을 통과한 매체들에 적용된다. 수십억 달러를 투자해서 새로운 언론그룹을 만들겠다고 은행을 어떻게든 설득했더라도 두 번째 장애물을 건너야 한다. 물론 경우에 따라서는 그 장애물이 구세주로 변할 수도 있다. 산업화시대와 대량생산은 또 하나의 기발한 생각을 해냈다. 즉 누구에게도 필요하지는 않지만 모두가 원하는 상품을 팔겠다는 생각이었다. 따라서 소비자를 '파블로프의 개'

로 만들어야 했다. 여기에서 광고라는 수법이 동원된다. 촘스키가 언어학과 철학의 관점에서는 적용되지 않는다고 치열하게 반대했던, 이른바 행동주의 과학이 소비자의 수요를 창출하는 데 큰 역할을 해냈다. 광고가 공급이 준비되기 전부터 소비자의 욕구를 자극했던 것이다. 광고와 대중매체의 행복한 동거, 또 필연적인 동거가 세상을 지금과 같은 완전한 소비사회로 바꾸어버렸다. 매체의 유통과 노출이 점점 증가하게 하려면 한 가지 방법밖에 없다. 광고주에게 소비자를 더 많이 접촉할 기회를 주어 소비자가 상품을 더 많이 사게 함으로써, 광고주의 이익을 높여주는 것이다. 따라서 '기업을 운영하기 위한 광고 사업권'이란 여과장치가 필요하다.

이번에는 신문을 다음 단계로 가져가서 여과장치 3번을 적용해보자. 신문에 광고만을 실을 수는 없다. 겉모습이라도 신문치레를 하려면, 광고들 사이의 빈 공간을 실제의 뉴스거리로 채워야 한다. 그런 분칠을 하려면 똑똑한 언론인들을 정도껏 고용하기만 하면 된다. 그러나 그 정도의 분칠은 이미 성공적으로 끝냈기 때문에 다른 틈새시장을 찾아야 한다. 특파원을 세계 방방곡곡으로 파견하려면 비용이 무척 많이 든다. 따라서 그들이 발굴한 뉴스를 다른 신문사들에도 팔아야 한다. 그러나 이런 일은 《로이터》나 《연합통신》 같은 통신사가 이미 훌륭하게 해내고 있다.

하지만 틈새시장은 얼마든지 있다. 허먼과 촘스키는 많은 사례를 통해, 많은 뉴스가 미국 정부와 기업의 홍보부서에 의해 미리 작성된다는 사실을 증명해보였다. 정부와 기업의 뻔뻔한 '보도자료'는 빙산의 일각에 불과하다. 요즘 기업이나 정부조직에 홍보부서가 없는 곳이 없다. 홍보부서의 책임은 모든 정보를 그들에게 유리한 방향으로 바꿔놓는 데 있다. 불리한 뉴스를 유리한 뉴스로 바꿔놓는 데 천재적인 솜씨를 지닌 사람들에게 '언론 대책 전문가(spin doctor)'라는 명예로운 직함이 주어진다. 허먼과 촘스키가 지적하듯이, 마침내 '전문가'의 시대가 도래했다. 모든 뉴스거리, 특히 라디오와 텔레비전에 소개되는 뉴스거리에는 시청자가 제멋대로 해석하지 않도록 하기 위해서 '전문가의 분석'이 따른다. 따라서 뉴스는 완벽하게 포장된 상품이며, 패스트푸드처럼 시장에서 팔린다. 뉴스의 소비자는 소화하기 쉽게 가공된 뉴스를 삼키기만 하면 된다.

그러나 허먼과 촘스키가 모든 비밀을 밝혀주었기 때문에, 우리는 이런 달갑지 않은 현상도 그다지 두렵지 않다. 이제부터 우리는 행간을 읽어 진정한 정보를 찾아낼 수 있기 때문이다. 물론 프로파간다와 인포테인먼트(infotainment, 정보와 오락을 함께 제공하는 프로그램)가 여전히 극성을 부리지만, 어렵지 않게 진실을 꿰뚫어볼 수 있다. 이제 '자유 언론'에게 남은 가장 큰 문젯거리는 기업화된 언론에서 보도하기에 적합하지 않은 것으로 판명 난 뉴스의 출처를 어떻게 밝히고, 그 뉴스를 어떻게 보도하느냐는 것이다.

가끔 정의감에 불타는 기자가 불쑥 나타나, 미국 정부가 저지른 범죄를 보도하는 우매한 짓을 벌이면 여과장치 4번이 작동한다. 허먼과 촘스키가 군대 용어를 빌어 표현한 '대공포화와 집행자flak and enforcer'는 마땅찮은 기자를 추방·투옥·처형하는 전체주의 국가에 꼭 맞아떨어지는 표현이다. 미국과 같은 열린 대의민주주의 국가에서는 치밀한 방법이 사용돼야 한다. 정치집단 간에 너 죽고 나 죽자는 식의 전쟁, 예컨대 워터게이트 사건처럼 추잡스런 사건이 벌어질 때도 언론은 언제나 '공정'하게 보여야 한다. FBI가 닉슨의 범죄 사실을 외부로 흘렸던 까닭에 언론이 '탐사보도investigative journalism'라는 영웅적 행위로 비밀을 누설하는 것이 허락됐던 것이다. 또 2005년에 언론은 FBI '내부고발자deep throat'의 신원을 폭로하고는 거만하게 거드름을 피웠다. 《워싱턴 포스트》에서 대표적인 사례를 찾아보자.

워터게이트 사건의 보도로《워싱턴 포스트》만이 아니라, 밥 우드워드Bob Woodward와 칼 번스틴Carl Bernstein도 큰 명성을 얻었다. 두 기자는 할리우드 영화에 필요한 모든 조건을 갖춘 정치판의 복잡한 음모와 파괴 공작을 끝까지 파헤쳤다. 결국, 정부 공무원 40명이 기소되고 대통령이 사임한 후에야 많은 사람이 견제와 균형이란 시스템이 제대로 작동했다는 결론을 내렸다. 하지만 공무원과 언론과 국민의 삼각관계는 완전히 달라졌다.[11]

허먼과 촘스키는《여론 조작》에서 워터게이트 사건에 대해서도 잠시 언급하며, 그 사건 때문에 당시 훨씬 더 추악한 사건이 언론에서 전혀 다루어지지 않았다고 주장한다. 3장에서 언급된 '코인텔프로', 즉 미국 내의 반정부 정치조직을 조사해서 파괴하는 데 목적을 둔 FBI 프로그램은 완전히 덮여버렸다. 법정에서 폭로된 '코인텔프로'를 비롯한 정부의 범죄들에 비하면 워터게이트는 단순한 다툼에 불과했다. 두 사건은 어떻게 다른가. 워터게이트는 부자와 권력층에게나 '사소한' 골칫거리였으나, '코인텔프로'는 흑인운동가를 살해했고 소규모 좌파언론을 불법적으로 파괴했으며 여성운동을 방해한 극악무도한 범죄였다. 이것은 지난 30여 년간 워터게이트를 다룬 책 전부보다 더 많은 것을 우리에게 말해주는 듯하다.

언론은 '세상이 완전히 달라졌다'는 식의 과장된 표현을 쓰는 버릇이 있지만, 실제로 미국에서 진정한 탐사보도가 활자화된 경우는 거의 없었다. 허먼과 촘스키는 '정확한 미디어(Accuracy In Media, 매스미디어 뉴스의 불편부당성·편견 등을 감시하는 미국 시민단체—편집자)'처럼 "언론을 집요하게 공격해서, 친기업적인 방향과 강경한 우파의 외교정책을 따르지 않을 수 없게 압력을 가하는" 언론감시조직들도 고발했다.[12] 《워싱턴 포스트》와 같은 '진보적 언론'의 보도에 대한 AIM의 반응을 예로 들어보자.

> 이제는 치매로 고생하다 뇌일혈로 쓰러진 환자가 내부 고발자로 칭송받는 세상이 된 까닭에, 이른바 진보 언론이 리처드 닉슨 대통령을 낙마시켰다고 자화자찬을 늘어놓았다. 그러나 우리의 독자, 크리그 반타 씨는 "워터게이트에 대한 보도가 닉슨의 사임으로 끝나고, 보트 피플boat people과 킬링필드를 다루지 않는다면 불완전하고 부정확한 보도라 할 수밖에 없다"고 지적했다.[13]

조지 부시 대통령이 FBI조차 침묵으로 일관할 수 없는 끔찍한 범죄에 연루됐더라도 그를 가만히 내버려둬야 한다고 기자들에게 보내는 거의 노골적인 경고인 셈이다. 내부 고발자는 뇌일혈로 쓰러진 치매 환자로 전락해버렸다. 따라서 "대공포화를 쏘아대는 사람들은 뉴스를 관리하는 형태로 정치권력의 지배력을 강화한다."[14]

진정한 '자유 언론'은 여과장치 넷은 고사하고 하나도 제대로 통과하지 못한다는 사실을 고려할 때, 《자유 노동자의 목소리》가 대량유통의 세상에서 일간지로 부활할 가능성은 전혀 없다.

《여론 조작》은 다른 프로파간다 도구들도 자세히 다룬 후에 문제의 핵심, 즉 무엇이 보도되고 무엇이 보도되지 않는지 구체적인 예를 들어 설명한다. 2장 〈가치 있는 희생자와 무가치한 희생자〉에서는 폴란드의 한 신부가 살해된 사건 (1984년 10월)과 라틴아메리카에서 종교인 100여 명이 살해된 사건을 다룬 뉴스를 통계적으로 분석했다. 《뉴욕 타임스》는 18개월 동안 지면에서 100 대 51의 비율로 폴란드 신부를 더 많이 다루었다. 게다가 10개의 도표와 3번의 추가적인 보도를 통해 독자에게 사건의 전말을 충분히 이해할 수 있게끔 광범위한 정보를 제공했다. '가치 있는 희생자와 무가치한 희생자'가 누구인지 보여준 또 하나의 사례는 캄보디아의 크메르루주와 관련된 사건이었다. 크메르루주가 캄보디아 양민에게 잔혹한 테러를 가했을 때 미국 언론은 크메르루주를 맹렬히 비난했다. 당연히 할 일을 한 셈이다. 그러나 크메르루주가 베트남에 의한 캄보디아의 해방에 저항하자, 얘기가 완전히 달라졌다. 크메르루주가 갑자기 자유의 투사가 됐고, 베트남은 압제자가 됐다. 허먼과 촘스키에 따르면, "베트남에 '대량학살'의 죄를 뒤집어씌우려는 시도가 있은 후, 비난의 화살이 본격적으로 그 '아시아의 프로이센'에게로 이동했다.《뉴욕 타임스》의 편집진에 따르면, 아시아의 프로이센, 즉 베트남이 폴 포트(크메르루주 지도자) 정권을 전복한 후에 캄보디아를 유린하며 황폐화하는 끔찍한 짓을 저질렀다." [15]

물론《뉴욕 타임스》만 그렇다는 것은 아니다. 허먼과 촘스키는 '여론을 조작하는 데' 협조한 다른 미디어 제국들도 자세히 분석했다. 한쪽의 죽음과 파괴를, 다른 쪽의 죽음과 파괴에 비교하는 기법은 많은 사람의 분노를 샀고, 양쪽 모두의 죽음과 파괴를 비하한 것이란 비난도 받았다. 그러나《여론 조작》의 목적은 결코 그런 데 있지 않았다. 오히려 죽음과 파괴가 너무 잔혹해서 그런 행위는 똑같은 정도로 미워하고 경멸하며 다뤄져야 한다는 것이 촘스키와 허먼의 확고한 주장이었다. 한쪽의 죽음은 비난하고, 다른 쪽의 죽음은 정당화한다면, 달리 말해서 한쪽의 죽음은 뉴스가 되고 다른 쪽의 죽음은 보도조차 되지 않는다면, 이런 작태는 인간 가치에 대한 명백한 배신이었다. 악한 사람은 떼 지어 죽어도 한 줄도 언급되지 않고, 착한 사람은 한 사람만 죽어도 뉴스거리가 된다는 것은 새로운 형태의 야만적 행위였다. 더구나 조지 오웰이 《1984》에서 그랬던 것처럼, 우리가 선과 악을 판단하는 결정자가 누구인지 알고 있는데 더는 무슨 말이 필요하겠는가!

《여론 조작》에는 치밀하게 조사된 많은 자료가 언급된다. 예로 제시한 인용글에 대한 혹독한 공격은 불안스럽기도 하다. "그래도 허먼과 촘스키는 원래의 목적을 달성하지 않았는가?"라고 반문할 사람도 있을 것이다. 그러나 이 책이 몇 점짜리 책이냐는 중요하지 않다. 이 책은 과학적 접근 방법을 보여준 전범典範으로 명백한 사실을 제시하고 있을 뿐이다. 독자가 각자의 판단에 따라 적절한 결정을 내리면 된다. 이 책은 촘스키의 많은 책 중에서 지금도 베스트셀러로 꼽힌다. 이 책의 맥락을 이어받은 책으로는 《뉴스의 여과장치: 허먼과 촘스키의 프로파간다 모델에 대한 시론*Filtering the*

*News: Essays on Herman and Chomsky's Propaganda Model*》
이 있다.

이런 미디어 비평은 국민에게 상당한 호응을 얻는 듯하다. 그런데 《뉴욕 타임스》를 비롯해 《여론 조작》에서 언급된 못된 언론사들이 왜 아직까지 파산하지 않았을까? 많은 사람이 그 책에 대한 소문은 들었지만 실제로 읽은 사람은 소수에 불과하기 때문일까? 앞에서도 언급했듯이, 이 책은 같은 이름의 다큐멘터리 영화로도 제작됐다. 이 영화가 대안 영화계에서 거의 동경의 위치cult status에 오르면서 '여론 조작'의 뜻에 대해서도 많은 혼란이 야기됐다. 즉, 여론 조작이란 개념 자체가 미디어의 쟁점으로 부각된 것이다. 그러므로 이쯤에서 방향을 바꿔, 허먼과 촘스키가 애초에 제시한 관점에서 이 현상을 살펴볼 필요가 있다.

무엇보다 촘스키는 대중적 관점에서 볼 때 '미디어적 수완'이 뛰어난 사람이 아니다. 구체적으로 말하면, 사람들이 그의 강연을 오디오로 녹음하든 비디오로 녹화하든 상관하지 않는다. 인터뷰할 때 누가 인터뷰의 저작권을 갖는지도 따지지 않는다. 그가 명사의 위치에 올라가는 곳마다 사람들이 따르면서 후손을 위해 그의 강연을 녹화해두기 때문에, 주변의 조언을 받아들여 저작권과 인세 등 사사로운 문제를 관리해줄 일종의 미디어 컨설턴트를 마지못해 고용하고 있을 뿐이다.

캐나다의 영화 제작자, 마크 아크바와 피터 윈토닉이 1990년대 초에 촘스키를 찾아가 《여론 조작》을 다큐멘터리로 제작하겠다는 계획을 제안했을 때 촘스키는 기꺼이 승낙하며, 원하는 대로 해보라고 말했다. 그들은 돈 때문에 다큐멘터리 제작에 뛰어든 것이 아니었다. 할리우드 영화가 아니었으니까. 촘스키는 다큐멘터리 제작 과정에 적극적인 관심을 보이지는 않았다. 그러나 그 전에도 북아메리카와 유럽에서 텔레비전에 출연한 적은 있었다. BBC에도 출연했고, 푸코와는 네덜란드 텔레비전 방송국에서 토론도 했었다. 아크바와 윈토닉은 촘스키가 강연하고 대담하는 장면이 담긴 이러한 과거 자료들을 다큐멘터리에 이용했다. 인도네시아와 동티모르에 관해 보도된 자료들도 이용했다. 그렇게 해서 완성된 다큐멘터리 〈여론 조작: 노엄 촘스키와 미디어〉는 1992년에 처음 상영됐다. 위키피디아Wikipedia에 따르면, 2003년 현재 "이 다큐멘터리는 캐나다 역사상 가장 성공한 다큐멘터리로 손꼽힌다. 전 세계 300여 도시의 극장에서 상영됐고, 22개의 상을 수상했으며, 50여 개의 국제영화제에 출품됐다. 30개 이상의 텔레비전 방송국에서 방영됐고, 12개 언어로 번역되기도 했다."[16]

그런데 믿기지 않겠지만 촘스키는 그 다큐멘터리를 본 적
도 없고, 보고 싶은 마음도 없다고 줄곧 말해왔다. 그 이유
가 무엇일까. 그는 "나는 화면에서 내 모습을 보는 것도 싫
고, 내 목소리를 듣는 것도 싫다"고 간단히 대답했다.[17] 나는
촘스키의 말을 충분히 이해할 수 있다. 나 자신도 그런 경험
이 있기 때문이다. 하지만 누구도 일부러 그런 경험을 되풀
이하려 하지는 않지만 결국 나는 그런 일에 익숙해지고 말았
다. 2005년 현재 촘스키가 등장하는 영화만도 28편에 이르
기 때문에 촘스키가 본의 아니게 자신의 모습을 보지 않았을
까?[18] 단 한 번은 분명히 보았다. 마크 아크바가 새로 제작
한 다큐멘터리 〈기업The Corporation〉이 케임브리지의 작은
영화관에서 상영될 때 토론 진행자로 촘스키가 참석했던 것이
다. 그때 촘스키는 화면에 비친 자신의 모습을 봐야만 했다.

사실, 화면에 비친 촘스키 모습은 그다지 인상적이지 않다.
그의 책을 읽었거나, 오디오 테이프로나 강연장에서 직접 강
연을 들었다면 구태여 영화까지 볼 필요는 없다. 2005년에
DVD로 출시된 〈노엄 촘스키: 쉬지 않는 반항자Noam Chomsky:
Rebel without a Pause〉가 대표적인 예다. 이것은 2003년 캐
나다의 한 텔레비전 방송국이 제작한 다큐멘터리인데, 영상

질로 판단하건대 적은 예산으로 제작한 것이 분명하다. 제작팀이 촘스키를 1주일 동안 쫓아다니면서, 그가 캐나다의 대학을 순회하며 공개 강연하는 모습을 담은 것이다. 물론 캐롤 촘스키 등 다른 사람들과 한 짤막한 인터뷰가 중간중간 끼여 있기는 하지만 대부분이 촘스키가 강단과 토론회에서 발언한 말로 채워졌다. 따라서 영상이 다소 지루한 편이다. 내가 촘스키라도 그 DVD를 보지 않았을 것이다. 거의 60분 동안 거울에 비친 자신의 모습을 쳐다보는 기분일 테니까. 당장이라도 그 DVD가 영화관 같은 곳에서 상영되지 않도록 조치를 취해야 할 것 같기도 하다. 촘스키가 빠른 속도로 상품화되고 있기 때문이다. 요즘 들어, 영화는 보지만 책은 읽지 않는 상당한 규모의 중도좌파 소비자 시장에 그런 DVD가 출시된다는 것은 누구도 부인할 수 없는 미디어 문제다. 하지만《여론 조작》에서 다루어진 실질적인 언론 문제와 비교하면 이런 현상은 아직 찻잔 속의 태풍에 불과하다.

《여론 조작》이 책과 영화로 만들어지면서 촘스키 이름이 세상에 널리 알려졌다. 그 책의 대부분을 쓴 허먼은 약간 기분이 상했을지도 모르겠다. 하지만 허먼과 촘스키는 여전히 돈독하다. 예컨대 2003년 신자유주의 경제학자 브래드포드 들롱 Bradford DeLong이 〈노엄 촘스키에 대한 나의 지극히 과민

한 반응-My Very, Very Allergic Reaction to Noam Chomsky〉
에서 촘스키를 신랄하게 비난했을 때 허먼은 〈노엄 촘스키를
공격한 브래드 들롱에 대한 나의 지극히 과민한 반응-My Very,
Very Allergic Reaction to Brad DeLong on Noam Chomsky〉
이란 재밌는 제목으로 들롱의 주장을 반박하며 촘스키를 적
극 옹호하고 나섰다.[19]

# 화성에서 온 언론인

허먼과 촘스키가 상당히 설득력 있는 '프로파간다 모델'을 제시했다는 사실을 고려하면, 촘스키가 그 후로도 세상에서 일어나는 사건들을 꾸준히 추적해서 프로파간다의 껍질을 벗겨내 무엇이 진실이고 무엇이 거짓이라고 고발한 것은 당연한 듯하다. 촘스키는 실망하는 법이 없다. 《여론 조작》이후로도 촘스키는 강연과 기고문, 책을 통해 언론의 문제점을 집요하게 파고들었다. 그런 글이 너무 많아 여기에서 일일이 열거하기 힘들 정도다. 《여론 조작》을 발표한 지 1년 만에 촘스키는 《환상을 만드는 언론*Necessary Illusions: Thought Control in Democratic Societies*》을 발표했다. 이 책에서도 촘스키는 미국을 비롯해 미국과 경향이 비슷한 민주국가들에서 잘못된 것을 신랄하게 비판했다.

> 나는 한 가지 면을 집중적으로 다뤄보려 한다. 전국적인
> 언론 기관과, 그와 관련된 엘리트 지식인들을 통해 행해
> 지는 사상 통제thought control이다. 내가 알기로, 이런
> 문제에 대한 연구는 거의 없는 편이다. 민주사회 시민이
> 라면 조작과 통제에서 자신을 지키고, 더 의미 있는 민주
> 사회를 위한 토대를 놓기 위해서라도 지적인 자기방어능력
> 을 키워야만 한다. 다음의 자료들 그리고 논의 과정에서
> 인용되는 저작의 대부분은 이런 관점에서 쓰인 것이다.[20]

이 책은《여론 조작》보다 훨씬 광범위한 주제를 다루고 있
는데, 1장인 〈민주주의와 매체〉에서는 미국의 미디어를 집
중 조명했다. 방대한 주와 부록으로 뒷받침된 자료들에서
'가혹하지만 피할 수 없는 결론'이 내려진다. 게다가 역사적
증거가 과거의 연구와 관점을 분명히 지적하고 있어, 독자는
민주주의가 어떻게 발전해왔는지 좇을 수 있다. 그 과정을
통해 궁극적으로는 우리 사회에 뿌리내린 현상을 좀더 확실
하게 꿰뚫어볼 수 있다. 민주주의에 대한 촘스키의 생각은
현재의 상태를 통렬하게 비판하기 때문에 무척 의미심장하

다. 촘스키의 주장은 3가지 방향으로 정리된다.

1. 서구 세계의 자본주의 민주주의는 동양의 소비에트식 민주주의와 다를 바가 없다.
2. 권위주의적인 미국의 민주주의는 건국의 아버지 때부터 시작됐다.
3. 전문가 계급이 운영하는 민주주의에 일반대중은 접근할 수 없다.

촘스키는 보통 사람들에게 진정한 민주주의를 허락하지 않는, 범죄 행위를 끝없이 저지르는 사람들을 비난한다.

종교재판소장이 그리스도를 격렬히 공격했던 근본 논리는 예수가 인간에게 자유를 주고서는 인간을 큰 불행에 빠뜨렸다는 것이다. 교회는 비참한 지경에 빠진 인간에게 필요한 것과 그들이 절실히 원하는 선물을 안겨줘, 그리스도가 저지른 악행을 바로잡아야만 한다. 인간을 행복하게 해주려면 자유를 억누르고, 인간이 간절히 원하는 완전한 '숭배 공동체'를 제공해줘야 한다. 세속화된 현대 사회적 관점에서 말하면, 서구 민주사회에서는 공공 보조금을 받으면서 개인적 이득을 취하는 체제의 주역들, 즉 자유 기업에 절대적으로 순종하는 것을 뜻하는 '국가 종교'의 숭배를 뜻한다. 민중은 무지몽매한 상태에 있어야 하고, 자신의 행복을 위해서라도 맹목적인 순종에 반발해서는 안 된다. 따라서 '행복을 원하는 무력한 반항자들의 의식을 억눌러 영원한 포로로 붙잡아 두려고', 또 그들이 두려워하고 경멸하는 선택의 자유를 그들에게 허락하지 않기 위해서 신비로운 기적과 권위라는 힘을 휘두르는 종교재판소장처럼, '냉정한 관찰자'는 무지하고 어리석은 대중이 욕심을 억제하고 현실에 만족하도록 '필요한 환상necessary illusion'과 '감상적인 단순화'를 조작해내야 한다.[21]

'필요한 환상'이란 표현은 라인홀드 니부어Reinhold Niebuhr가 1983년에 처음 사용했다. 니부어는 위 인용문의 관점을 적극 옹호했던 미국의 대표적인 친정부적 지식인이었다. 그러나 아나키즘적 생디칼리스트인 촘스키가 지역적 차원에서 조직되고 대중이 완전히 참여하지 않는 민주주의를 어떻게 인정할 수 있겠는가. 진정한 민주주의 모델에서 언론이 어떤 모습이어야 하는지《여론 조작》이나《환상을 만드는 언론》에서는 실제로 언급되지 않는다. 따라서 현재의 언론이 어떤 모습인가에서 진정한 언론의 모습을 추론해 낼 수 있어야 한다. 어떤 시스템의 결함을 지적해 올바른 시스템을 판별할 수 있어야 한다는 뜻이다. 촘스키는 〈민주주의와 매체〉에서 올바른 시스템이 뭔지는 상식이라 생각해 꼼꼼하게 다루지는 않는다. 다만, 의미 있는 방향으로 언론을 민주화하려는 풀뿌리 조직의 노력을 지지하면서 올바른 언론상에 대한 자신의 생각을 간접적으로 드러낼 뿐이다.

교회에 기반을 둔 남아메리카의 한 신문은 〈브라질 주교들, 언론을 민주화하려는 계획을 지지하다〉는 제목으로 "브라질에서 철옹성처럼 닫혀 있던 언론에 시민이 참여할 수 있는 길을 열어주기 위한 법안"이 입법의회에서 논의 중이라고 보도했다. 이 신문은 "브라질의 가톨릭 주교들이 이 나라의 커뮤니케이션 미디어를 민주화하려는 법안의 주요한 지지자이다"며, "브라질의 텔레비전은 5개의 대형 방송국에서 운영되고…, 8개의 다국적 기업과 여러 국영 기업체가 매스컴 광고의 절반 이상을 차지한다"고 말했다. 이 법안에 따르면, "민간과 정부의 대표로 구성되는 국가 커뮤니케이션 위원회를 창설해서 (…) 민주적인 커뮤니케이션 정책을 개발하고, 라디오와 텔레비전의 운영권을 허가할 계획이다." "브라질의 주교회의는 커뮤니케이션 미디어의 중요성을 줄곧 강조하며, 풀뿌리 조직에 참여를 독촉해왔다. 주교회의는 커뮤니케이션 문제를 1989년 사순절 운동의 주제로 채택했다." 사순절 운동은 매년 주교회의의 발의로 '교구 차원에서 사회적 쟁점을 숙고하고 논의하는 운동'이다.[22]

이런 운동이 미국에서는 파문감이라 해도 크게 놀랄 일은 아니다. 하지만 촘스키는 모든 희망이 사라진 것은 아니며, 과거에나 지금이나 미국의 권력층에는 귀감이 될 만한 훌륭한 판단을 내리는 뜻밖의 사람들이 있다고 말한다. 예컨대 촘스키가 극구 찬양하는 올리버 웬델 홈스Oliver Wendell Holmes 판사는 1919년에 '자유시장'을 완전히 비정통적으로 해석하며 "어떤 생각이 진실에 부합하는가를 판단하는 가장 좋은 방법은 사상이 자유롭게 교환되는 시장에서 경쟁해 받아들여지는지 지켜보는 것이다"고 말했다.[23] 촘스키의 이런 낙관주의는 검열로 인한 여과가 상대적으로 적은 편인 자연과학적 철학관에서 비롯되는 듯하다. 그러나 통제라는 여과장치가 거의 불가항력적인 힘을 발휘하는 정치사회적 세계에서는 조금이나마 비관적 생각을 가져야 하지 않을까 싶다.

언론 문제를 다룬 촘스키의 책이 미국 안팎에서 대안 언론을 탄생시키는 데 큰 영향을 준 것은 사실이다. 오늘날 대안 라디오 방송국, 인터넷 사이트 그리고 촘스키 글을 주로 출간하는 출판사가 문자 그대로 수천 개에 이른다. 출판사를 예로 들면, 리디아 사전트Lydia Sargent와 마이클 앨버트 Michael Albert는 사우스엔드출판사를 설립해 《환상을 만드는 언론》을 비롯해 촘스키 책을 많이 출간했다. 수완이 뛰어난 그들은 '제트 매거진'과 '제트 넷Z Net'까지 창간했다. 특히 '제트 넷'은 엄청난 양의 자료를 온라인으로 제공하면서 정치적 행동주의자들에게 방향타 역할을 했다.[24] 미국 언론계에서 촘스키의 또 다른 팬을 꼽으라면, '편집되지 않고 검열받지도 않은 좌파의 목소리'를 자처하는 라디오 프리 메인 Radio Free Maine의 로저 라이스너Roger Leisner다.[25] 라이스너는 촘스키의 대중 강연을 한마디도 놓치지 않고 녹음하려고 카메라와 녹음기를 들고 촘스키를 쫓아다니는 광적인 팬이다. 그는 엄격히 정선한 오디오와 비디오 테이프 100여 편을 소장하고 있으며, 원가에 판매한다. 라디오는 촘스키가 가장 선호하는 매체다. 실질적으로 모든 '좌파의 목소리'가 깊은 잠에 빠져버린 뉴질랜드에서도 '라디오 촘스키'라는 조그만 라디오 방송국이 있을 정도다.

촘스키가 언론 문제에 끼친 또 하나의 중요한 공헌만 얘기하고 이제 결론을 맺어보자. 그는 2002년에《미디어 컨트롤 *Media Control: The Spectacular Achievements of Propaganda*》개정판을 냈다. 1991년에 낸 초판을 보완한 것인데,〈화성에서 온 언론인〉이 추가되었다. 2002년 1월 23일 뉴욕에서 미디어 감시단체인 '보도의 공정성과 정확성(Fairness & Accuracy In Reporting, FAIR)'의 창립 15주년을 축하하기 위해 강연한 내용을 기반으로 다시 쓴 글이다. 이 땅의 언론인과 신문 발행인에게 보내는 마지막 경고인 '화성인'이란 비유적 표현에 주목해보자. 촘스키를 비롯해 많은 행동주의자가 지구라는 땅에서 활동하는 이른바 언론인이 얼마나 무분별한 인간인지 보여줄 생각에서 사용한 표현이다. 촘스키는 "미디어가 지난 몇 달간의 중요한 얘기, 특히 이슬람 세계에서 일어난 '테러와의 전쟁'이란 쟁점을 어떻게 다루었는가?"라고 물으면서 글을 시작한다. 그리고 화성에서 온 남자를 소개한다. 남자라는 점을 은근히 드러낸다.

일종의 사고실험thought experiment으로 접근해보자. 지능이 높은 화성인을 상상해봐라. 그런데 관례상 화성인은 남자를 뜻한다고 들었다. 그래서 나는 남자를 뜻하는 대

명사 '그he'로 화성인을 지칭하려 한다. 그 화성인이 하버드를 졸업하고 컬럼비아 대학교 언론 대학원을 다니면서 온갖 고상한 지식을 배웠고 그 지식을 그대로 믿었다면, 이와 같은 얘기를 어떻게 다루었을까?[26]

촘스키의 화성인은 길지만 무척 중요한 역사적 교훈을 예로 들어, 현재의 순간을 아무 관계도 없는 사건들의 진공 상태에 밀어넣으며 선정적으로 다루려는 주류 언론에서는 흔히 무시되는 개념에 대답한다. 가령 촘스키는 '9·11사태로 모든 것이 변했다'는 말에 이의를 제기하며, 새로운 '테러와의 전쟁'은 적어도 1980년대까지 거슬러 올라가야 하는 미 외교정책의 냉소적인 연장선에 불과하다고 지적한다.

그 화성인은 화성에 있는 신문사에 보내기 위한 사실의 관찰부터 시작할 것이다. 예컨대 테러와의 전쟁이 9월 11일에 처음 선포되지 않았다는 것이 사실적 관찰의 한 예다. 정확히 말하면, 테러와의 전쟁은 20년 전에 1차로 선포될 때와 똑같은 수사법을 구사하며 재선포된 것이다. 레이건 정부가 들어서면서 테러와의 전쟁이 미국 외교정책의 핵심이 될 것이라고 선언했고, 레이건 대통령이 '테

러라는 사악한 골칫거리'라 칭한 것을 비난했다. 그리고
이슬람 세계에서, 또 당시에는 중앙아메리카에서도 국가
가 지원하는 국제 테러에 관심이 집중됐다. 국제 테러는
'문명세계를 향한 타락한 적'들이 흩뿌리는 전염병이며,
'현대시대에서 야만시대로 회귀하는 것'이라고 표현됐다.
이런 표현마저도 레이건 정부에서 온건파로 분류되던 조
지 슐츠George Schultz 국무장관의 입에서 나온 말이다.
한편 내가 레이건의 연설에서 인용한 표현은 중동에서 벌
어진 테러와 관련된 것이다. 레이건이 그 연설을 한 때가
1985년으로, 연합통신AP의 연례 여론 조사에서 신문 편
집자들이 중동에서 벌어진 국제 테러를 그해의 톱뉴스로
선정한 해이기도 했다. 따라서 우리 화성인은 2001년을
테러와의 전쟁이 톱뉴스가 된 두 번째 해이며, 테러와의
전쟁이 거의 예전과 비슷한 관점에서 재선포됐다고 보도
할 것이다. 게다가 똑같은 사람들이 주도적 위치에 있다
는 놀라운 연속성도 눈에 띈다. 예컨대 도널드 럼스펠드
가 2차 테러와의 전쟁에서는 군부를 지휘하고 있지만, 테
러와의 전쟁이 정점을 향해 치닫던 1985년의 안팎, 즉 1차
테러와의 전쟁에서는 레이건 정부의 중동 특사였다. 또한
두 달 전에는 존 네그로폰테John Negroponte가 유엔 대

사로 지명됐다. 네그로폰테는 1차 테러와의 전쟁에서 미국의 주된 기지 역할을 한 온두라스의 대사로 미국의 작전을 총지휘한 인물이었다.[27]

촘스키의 정치적 '혜안'이 날카롭게 번뜩이는 글이다. 네그로폰테는 그 후로 이라크 총독과 대사로서 이라크를 총괄했고, 얼마 전에는 국가정보국장Director of National Intelligence이 됐다. 항상 그렇지만 잘못된 인선이 아닌가 싶다.

이제 촘스키가 테러와, 테러가 프로파간다 모델에 따라 언론에서 보도되는 방법에 대해 간단하지만 통렬하게 내뱉은 진실로 이 책을 끝내기로 하자. "그들이 우리에게 한 짓만이 테러다. 우리가 그들에게 더 심한 짓을 해도 그것은 테러가 아니다. 보편성 원칙universal principle이 다시 적용됐다. 여기에서 보편성 원칙을 논의할 수는 없어도 화성인은 그 원칙의 속살을 눈치 챘을 것이다."[28]

촘스키는 화성에서 렉싱턴의 집으로 돌아와, 아침 식사를 하면서 신문들을 샅샅이 읽는다. 진정한 자유가 미국을 비롯한 모든 나라에서 구현되는 날까지 그 작업을 멈추지 않을 것이다. 항상 그가 말하듯이, 그것은 당신과 나, 우리의 책임이다.

**1** Harry Kreisler, 'Conversation with Noam Chomsky'(Berkely, 2002). http://www.chomsky.info/interviews/20020322.htm을 참조할 것 (2005년 7월 1일 접근).

**2** Noam Chomsky, *Hegemony or Survival*, (Crows Nest, NSW, 2003).

**3** *Bloomsbury Thematic Dictionary of Quotations*, (London, 1998), p. 260.

**4** Robert F. Barsky, *Noam Chomsky: A Life of Dissent*, (Cambridge, MA, 1998), p. 31.

**5** 위의 책, p. 160.

**6** http://mass-multi-media.com/CRV/를 참조할 것(2005년 7월 1일 현재).

**7** Edward S. Herman and Noam Chomsky, *Manufacturing Consent*, (New York, 1998), p. xii.

**8** Adam Smith, *Inquiry into the Nature and Causes of the Wealth of Nations*, (London, 1776), iv, chapter II.

**9** Edward S. Herman and Noam Chomsky, *Manufacturing Consent*, (New York, 1998), p. 4.

**10** 위의 책, p. 13.

**11** 《워싱턴 포스트》의 웹사이트 http://www.washingtonpost.com/wp-srv/onpolitics/watergate/splash.html을 참조할 것(2005년 7월 1일 현재).

**12** Edward S. Herman and Noam Chomsky, *Manufacturing Consent*, (New York, 1998), p. 27.

**13** Cliff Kincaid, 'It Didn't Start or End with Watergate' (AIM, 2005년 6월 16일). 전문은 http://www.aim.org/media_monitor/3751_0_2_

0_C/를 참조할 것(2005년 7월 1일 현재).

**14** Edward S. Herman and Noam Chomsky, *Manufacturing Consent*, (New York, 1998), p. 28.

**15** 위의 책, p. 287.

**16** http://en.wikipedia.org/wiki/Manufacturing_Cosent:_Noam_Chomsky_and_the_Media를 참조할 것(2005년 7월 1일 현재).

**17** Robert F. Barsky, *Noam Chomsky: A Life of Dissent*, (Cambridge, MA, 1998), p. 5.

**18** http://www.imdb.com/name/nm0159008/를 참조할 것(2005년 7월 2일 현재).

**19** 허먼의 글은 http://www.zmag.org/content/showarticle.cfm?ItemID=3948을 참조할 것(2005년 7월 2일 현재).

**20** Noam Chomsky, *Necessary Illusions: Thought Control in Democratic Societies*, (Boston, 1989), p. 1.

**21** 위의 책, p. 29.

**22** 위의 책, p. 3.

**23** 위의 책, p. 11.

**24** Z Magazine과 Z Net의 웹사이트 http://www.zcommunications.org/를 참조할 것.

**25** 라디오 프리 메인의 웹사이트 http://www.radiofreemaine.com/RadioFreeMaine.html을 참조할 것(2005년 7월 2일 현재).

**26** Noam Chomsky, 'The Journalist from Mars', in *Media Control*, (Boston, 2002). 원문은 http://www.thirdworldtraveler.com/Chomsky/Journalist_Mars.html을 참조할 것(2005년 7월 2일 현재).

**27** 위의 글.

**28** 위의 글.

연구실에서 촘스키. 삶의 지표였던 러셀의 사진이 걸려 있다.

1928년 12월 7일. 필라델피아 부근 이스트 오크 레인에서 태어났다. 아버지 윌리엄 촘스키는 우크라이나 출신의 히브리어 학자였고, 어머니 엘시 촘스키는 벨라루스 출신으로 교사였다. 남동생은 데이비드 촘스키.

1930~39년. 템플 대학교에서 운영하던 듀이식 실험 학교인 오크 레인 카운티에 다녔다. 열 살 때 학교 신문에 '파시즘의 확산'을 주제로 한 사설 게재.

1939년. 센트럴 고등학교에 입학. 열세 살 때부터 뉴욕의 외가에 자주 오갔다. 특히 이모부 밀턴 클라우스가 운영하는 신문 가판점에 드나드는 지식인들을 통해 지적 자극을 받았다. 훗날 촘스키는 당시 경험을 "10대 초반에 내게 가장 큰 영향을 미친 지적인 문화"였다고 회고했다. 이 시절 유대인 아나키스트들이 발행한《자유 노동자의 목소리》를 알게 된다. 이런 잡지의 글들과, 주류 언론과 서점에 쌓인 책들이 제공하는 정보가 극명하게 다른 것에 충격을 받는다. 이것이 후에 촘스키가 언론산업에 관심을 갖게 된 결정적인 계기가 되었다.

1945년. 펜실베이니아 대학교에 입학. 철학과 언어학을 공부했다.

1947년. 정치적 행동주의자와 언어학자로서 길을 걷는 데 결정적인 영향을 끼친 젤리그 해리스 교수(펜실베이니아 대학교 언어학과)와 만난다.

1949년. 어린 시절 친구인 캐롤(당시 열아홉 살)과 결혼. 딸 둘(아비바 57년생, 다이앤 60년생)과 아들(해리 67년생) 하나를 두었다.

1951년. 펜실베이니아 대학교에서 언어학으로 박사 학위를 받는다. 하버드 대학교에서 3년간 연구 장학금을 받게 돼 보스턴으로 이주.

1953년. 하버드 대학에서 지원해주는 여행 보조금으로 캐롤과 첫 해외여행. 유럽을 경유해 이스라엘로 갔다. 키부츠에서 잠시 생활.

캐롤은 1951년 펜실베이니아 대학교에서 프랑스어로 학사 학위를 받고, 68년 하버드 대학교에서 언어학으로 박사 학위를 받았다. 72년부터 96년까지 하버드 교육대학원 교수였다. 이후엔 촘스키의 실질적인 매니저로 활동.

1957년. 《통어론적 구조Syntactic Structures》출간.

1961년. MIT 종신교수가 되었다.

1965년. 《통어이론의 제상Aspects of the Theory of Syntax》출간.

1966년. 첫 대중 강연.

1967년 2월. 《뉴욕 타임스 리뷰 오브 북스》에 〈지식인의 책무〉게재.

1967년. 저항조직 레지스트RESIST 창설 멤버.

1968년. 오랜 친구이자 동료인 모리스 할레와 함께 《영어의 음성체계 The Sound Pattern of English》출간.

1970년. 하노이 방문. 하노이 폴리테크닉 대학교에서 강연.

1975년. 《언어이론의 논리적 구조The Logical Structure of Linguistic Theory》《언어에 대한 고찰Reflections on Language》출간.

1976년. MIT에서 가장 권위 있는 '인스티튜트 프로페서'로 임명되었다.

1979년. 《인권의 정치경제학The Political Economy of Human Rights》출간, 동티모르의 위기를 다룬 첫 국제회의에 참석(리스본).

1983년. 《숙명의 트라이앵글Fateful Triangle》출간.

1985년. 니카라과 방문. 강연 도중 미국이 니카라과를 비롯해 중남미에서 저지른 만행에 눈물을 흘렸다.

1988년. 이스라엘이 점령한 팔레스타인 지역 방문. 에드워드 허먼과 함께 《여론 조작: 매스미디어의 정치경제학*Manufacturing Consent: The Political Economy of the Mass Media*》 출간.

1989년. 《환상을 만드는 언론*Necessary Illusions: Thought Control in Democratic Societies*》 출간.

1995년. 동티모르 구호협회(East-Timorese Relief Association, ETRA)와 저항을 위한 동티모르 국가 평의회(National Council for East Timorese Resistance, CNRM)의 초청으로 9일간 오스트레일리아 방문.

2001년. 《노엄 촘스키, 9-11*Noam Chomsky, 9-11*》 출간.

2002년. 터키 방문. 자신의 책을 출간했다는 이유로 반역죄로 기소된 터키 출판인의 재판에 공동 피고인으로 참석했다.

2002년과 2003년. 브라질에서 열린 세계사회포럼에 참석.

2003년. 《패권인가 생존인가*Hegemony or Survival: America's Quest for Global Dominance*》 출간. 라틴아메리카 사회과학자협회(CLASCO) 회장 초청으로 쿠바 방문. 귀국 후 쿠바에 가한 미국의 금수 조치를 격렬히 비난했다.

2004년과 2005년 초. 피렌체, 테살로니키, 아테네, 헝가리, 런던, 옥스퍼드, 맨체스터, 리버풀, 올덴버그, 에든버러, 베를린, 라이프치히, 류블랴나, 노비그라드, 볼로냐 등에서 강연. 북아메리카에서도 숱하게 강연.

2008년. 캐롤 촘스키 암으로 사망.

2012년. 렉싱턴에 거주. 여든네 살인 지금도 강연, 인터뷰를 하는 등 바쁜 나날을 보내고 있다.